公開霊言

そして誰もいなくなった

社民党 福島瑞《みず》穂《ほ》党首へのレクイエム

大川隆法

RYUHO OKAWA

まえがき

「そして誰もいなくなった」――社民党にとっては切実《せつじつ》なテーマだろう。そして「救いに到る門」だと思って、「滅《ほろ》びに到る門」に殺到《さっとう》している人々にとっても、「生命《いのち》の門」を探すのは難しかろう。

「強い国よりやさしい社会」――標語としては、いかにも耳触《みみざわ》りがよい。かつての鳩山由紀夫民主党政権の「コンクリートから人へ」のような手ざわり感と響きがある。

しかし、「地獄《じごく》への道は善意で舗装《ほそう》されている。」というイタリアのことわざもある。本書で語られた社民党党首 福島瑞穂氏の守護霊の言葉の中に、左翼リベラリズム全体へのレクイエム（鎮魂歌《ちんこんか》）の響きを感じとるのは私一人ではあるまい。

左翼の何が間違っているのか。左翼に票を投じると、なぜ国が滅びるのか。本書を一読することで、あざやかにその答えが浮かび上がってくることだろう。

二〇一三年　七月九日

幸福《こうふく》の科学《かがく》グループ創始者兼総裁《そうししゃけんそうさい》　大川隆法《おおかわりゅうほう》

そして誰もいなくなった　目次

そして誰《だれ》もいなくなった

――公開霊言《れいげん》　社民党　福島瑞穂《ふくしまみずほ》党首へのレクイエム――

二〇一三年七月八日　福島瑞穂守護霊《しゅごれい》の霊示《れいじ》
東京都・幸福の科学　教祖殿《きょうそでん》　大悟館《たいごかん》にて

3 「社会保障」に関する本音　64

6

「政策」の奥《おく》にある驚愕《きょうがく》の秘密

「霊言現象《れいげん》」とは、あの世の霊存在の言葉を語り下ろす現象のことをいう。これは高度な悟《さと》りを開いた者に特有のものであり、「霊媒現象《れいばい》」（トランス状態になって意識を失い、霊が一方的にしゃべる現象）とは異なる。外国人霊の霊言の場合には、霊言現象を行う者の言語中枢《ちゅうすう》から、必要な言葉を選び出し、日本語で語ることも可能である。

また、人間の魂《たましい》は原則として六人のグループからなり、あの世に残っている「魂の兄弟」の一人が守護霊《しゅごれい》を務めている。つまり、守護霊は、実は自分自身の魂の一部である。したがって、「守護霊の霊言」とは、いわば本人の潜在《せんざい》意識にアクセスしたものであり、その内容は、その人が潜在意識で考えていること（本心）と考えてよい。

なお、「霊言」は、あくまでも霊人の意見であり、幸福の科学グループとしての見解と矛盾《むじゅん》する内容を含《ふく》む場合がある点、付記しておきたい。

そして誰《だれ》もいなくなった

――公開霊言《れいげん》　社民党福島《ふくしま》瑞穂《みずほ》党首へのレクイエム――

二〇一三年七月八日　福島瑞穂守護霊《しゅごれい》の霊示《れいじ》
東京都・幸福の科学　教祖殿《きょうそでん》　大悟館《たいごかん》にて

福島瑞穂《ふくしまみずほ》（一九五五〜）

政治家（参議院議員）、社会民主党党首（第三代）、弁護士。宮崎県《みやざきけん》延岡市《のべおかし》生まれ。東京大学法学部卒業。弁護士として活躍《かつやく》中の一九九八年、社民党から参議院議員選挙に出馬して初当選（現在、三期目）。二〇〇三年、社民党党首に就任。社民党が民主党や国民新党と連立した鳩山由紀夫《はとやまゆきお》内閣では、内閣府特命担当大臣（消費者及《およ》び食品安全担当、少子化対策担当、男女共同参画担当）を務めた。

質問者　※質問順

小林早賢《こばやしそうけん》（幸福の科学広報・危機管理担当副理事長）

綾織次郎《あやおりじろう》（幸福の科学上級理事　兼《けん》「ザ・リバティ」編集長）

［役職は収録時点のもの］

1 野党代表として「福島党首守護霊《ふくしましゅごれい》」を呼ぶ

天上界《てんじょうかい》のドラッカーが勧《すす》めた「福島党首《ふくしま》の守護霊霊言《しゅごれいれいげん》」

大川隆法　参議院議員選挙の前なので、政治をテーマにした収録が続いていますが、今日も、引き続き、政治テーマについての収録をしたいと思います。

昨日《さくじつ》は、『政治革命家・大川隆法』（幸福の科学出版刊）という題で、「政治革命を目指している者」としての私の考え方を、インタビューに答えるかたちで述べましたが、幸福実現党と他党との間で政策等の比較《ひかく》検討も必要でしょう。

ただ、政党の数が多く、いちいち各党と個別に比較できないため、「どうしようかな」と思っていたのですが、左翼《さよく》系の政党の主張は、「アンチ安倍《あべ》政権」で、かなり足並みが揃《そろ》ってきているので、それに関する検討をしてみたいと思ったわけです。

そこで、「どこにターゲットを絞《しぼ》ればよいか」ということを天上界《てんじょうかい》のピーター・ドラッカーに相談し、「共産党の志位《しい》さん（守護霊《しゅごれい》）は、どうですか」と訊《き》いてみました。

そうすると、ドラッカーの意見は、「無駄《むだ》なので、やめたほうがよいでしょう。どのようなことを言うか、国民はもう分かっているし、話し合っても、向こうが意見を変えたりはしないので、呼ぶ必要はありません。むしろ、今、『アンチ安倍』のなかで検討すべきなのは社民党の福島瑞穂《ふくしまみずほ》さんでしょう。彼女の論点を追究し、それと比較していけば、だいたい争点は出てくるはずです」というものだったのです。

そこで、野党代表として社民党の福島党首をターゲットにし、彼女の考えを幸福の科学や幸福実現党の考えと比較してみたいと思います。

以前、ＴＢＳの膳場貴子《ぜんばたかこ》キャスターの守護霊霊言《れいげん》を収録したとき（『膳場貴子のスピリチュアル政治対話』〔幸福実現党刊〕参照）、膳場さんの守護霊は、「福島さんはキリスト教の信者らしいが、同じくイエスの教えが入っている幸福の科学と、どうして、こうも政治的スタンスが違《ちが》うのか、それを知りたい」というようなことを語っていました。

福島党首の守護霊と政策の話をしていると、意外に〝根っこ〟のほうで宗教的な部分が出てくるかもしれません。

キリスト教にある、「弱者や少数者への配慮《はいりょ》」を考え方の核《かく》にして、社民党の政策が組み立てられている可能性もあります。社民党は、今回の参院選で、「強い国よりやさしい社会」という言葉を標語にしているぐらいですから、イエスの教えの一面を取り、それを政治に生かそうとしているかもしれないのです。

幸福の科学と幸福実現党は、同じような「愛の思想」を説きつつも、社民党とは違ったかたちの国家論を持っています。このへんが、もしかしたら、今回、議論になるかもしれません。その可能性はあります。

宗教団体であれ、政党であれ、勢力が小さいうちは、だいたい、弱者に優《やさ》しいのですが、大きくなると、多数の利益を代弁するようになるものです。そういう傾向《けいこう》があるのです。

最後にアガサ・クリスティーの推理小説のようになるのか

大川隆法　今日の収録には、「そして誰《だれ》もいなくなった」という題を付けました。

少し不思議な題ですが、これはアガサ・クリスティーの推理小説のタイトルと同じです。私は、十代の後半に、彼女の推理小説を英語のペーパーバックで何冊か読んだのですが、そのなかの一つが、この「そして誰もいなくなった」なのです。

四十年近く前に英文で読んだだけで、日本語訳を読んでいないため、印象しか残っておらず、ストーリーを正確に覚えているわけではないのですが、「ある無人島に十人が招待されるが、その十人がミステリアスなかたちで次々と殺されていき、やがて誰もいなくなってしまう。その後《ご》、『殺していたのは、実は私だった』という手記が発見され、その手記によって謎解《なぞと》きがなされる」というような内容だったと思います。

これを福島党首に当てはめるのは失礼かもしれませんが、福島党首は、「国民のため、国家のため、社会のために」と思って、一生懸命《いっしょうけんめい》、〝悪人〟たちを次々と撃《う》っているうちに、周りに誰もいなくなり、最後に、「国家や社会を破壊《はかい》していたのは、実は自分だった」と気づくことになるのではないでしょうか。

そのように感じるのですが、それを表現するに当たっては、福島党首が女性なので、やや文学的表現を使わせていただいたのです。

ちなみに、昔の社会党、今の社民党の本部ビルである社会文化会館は、老朽《ろうきゅう》化が進んだため、最近、取り壊《こわ》されたようです。当会は、一九八七年の中級セミナー等で、そこを何回か使いましたが、使用料が安かったので使ったのですが、とうとう、なくなってしまいました。〝そして誰もいなくなった〟のです。

一方、幸福実現党は、申し訳ないことに、まだ大した実績もないのに赤坂に政党本部を設《もう》けています。

今日は、「そして誰もいなくなった」というテーマの下《もと》に、「社民党の福島瑞穂党首へのレクイエム」を語ることになるのではないかと想像しています。

レクイエムとは鎮魂歌《ちんこんか》のことです。「守護霊を呼んで鎮魂歌もないものだ」とは思いますが、できるだけ美しく〝送って〟さしあげたいと考えています。この人を美しく〝送る〟ことによって、この人の考え方にほぼ同調している、野党の安倍政権批判全体について、だいたい論点を整理し終わるでしょう。

ただ、相手が予想外に強く、こちらのほうが〝葬《ほうむ》られる〟こともあるかもしれないので、質問者には頑張《がんば》っていただきたいと思います。

ちなみに、福島さんは私より一つ年上ですが、東大法学部卒なので、おそらく本郷《ほんごう》（専門学部）では在学時期が重なっており、授業を一緒《いっしょ》に聴《き》いたこともあるだろうと思います。福島さんの昔の顔がどうであったか、知らないのですが、彼女を見かけたことはあるのではないかと推定しています。

念のため述べておきますが、私は、「当時、福島さんから不当な扱《あつか》いを受けたため、それを恨《うら》んでおり、数十年後の今、彼女に復讐《ふくしゅう》したいと思っている」ということは絶対にありません（笑）。今回の収録に関し、個人的な感情はまったくないのです。

「弱者に優《やさ》しい社会」において、国家は、どうなるのか

大川隆法　宗教にとって、「弱者に優《やさ》しい社会」という言葉は、非常に誘惑《ゆうわく》的なものではあるのですが、政治を突《つ》き詰《つ》めていくと、それだけでは済まない面が、どうしても残ります。

そのため、「宗教が政治に進出したとき、どういう考えをとるべきか」ということには、非常に難しいところがあるのです。

個人に焦点《しょうてん》を当て、「救済」だけを言うと、「国家」という枠組《わくぐ》みは解けてしまいます。「困っている人がいる。何とかしなくてはいけない」という考え方は、「社会保障大国」にもつながっていくものでしょうが、それだけだと、「国家は、どうなるのか」という問題が残るのです。

「この問題について、どのような考えを打ち出すべきか」ということは、今、大きなテーマではないでしょうか。

社会民主党の党首、福島瑞穂氏の守護霊を招霊《しょうれい》する

大川隆法　福島党首の守護霊は、かなり口が立つ人ではないかと思います。私には、先ほどから、「失礼なことを言ったら、許さない」という声が霊的《れいてき》に聞こえてくるので、どうなるかは知りませんが、とりあえず、やってみましょう。

安倍政権の政策のすべてについて、おそらく、それとは正反対のことを主張してくると思いますが、幸福実現党が掲《かか》げる政策には、安倍政権の政策と重なるところもあるので、今回出てくる論点を潰《つぶ》していけば、先ほど述べた、膳場さんの守護霊の疑問にも答えうるのではないかと思います。

同じくキリスト教思想を信じていても、例えば、アメリカには共和党もあれば民主党もあるように、「思想のどの部分に近いか」ということで、考え方が異なることはあるのです。

どのような感じになるか、分かりませんが、呼んで話を聴いてみたいと思います。

福島さんは、「環境《かんきょう》」「人権」「男女平等」「平和」「雇用《こよう》」を中心にして活動しているようなので、意外に当会と意見が合うところもあるかもしれませんし、ないかもしれません。

守護霊レベルで話を聴いたほうが、かえって本心が分かりやすいので、選挙対策用の話だけを聴くのではなく、「本心は、どうなのか」ということを調べてみたいと思います。

（質問者に）では、よろしくお願いします。

（合掌《がっしょう》し、瞑目《めいもく》する）

参院選が近づいてまいりました。

社会民主党を女性の身で率《ひき》いておられます福島瑞穂党首の守護霊をお呼びいたしまして、今回の選挙の大きな争点等について、各党の政策を比較し、考え方を整理していきたいと思います。

われわれは、宗教的な考え方を持ちながらも、幸福実現党という政党を有し、「何が正しいのか」ということを追究いたしておりますので、これについて意見をすり合わせたいと思います。

社民党党首、福島瑞穂氏の守護霊、流れ入《い》る、流れ入る、流れ入る。

社民党党首、福島瑞穂氏の守護霊、流れ入る、流れ入る、流れ入る。

福島瑞穂氏の守護霊よ、どうか、幸福の科学 教祖殿《きょうそでん》に降りたまいて、われらのインタビューにお答えください。

（約五秒間の沈黙《ちんもく》）

2 「消費税上げ反対」の本当の理由

忙《いそが》しい時期に呼ばれて不満を述べる

福島瑞穂守護霊　だいたいねえ、忙《いそが》しいときに、呼ぶんじゃないのよ。

小林　本日は、お越《こ》しいただきまして、どうもありがとうございます。

福島瑞穂守護霊　ああ、忙しいのよ。

小林　福島瑞穂さんの守護霊でいらっしゃいますか。

福島瑞穂守護霊　うーん。八月にしてくれない？　八月に。もう。

小林　まあ、地上の福島党首ご本人は、ご自身の考えで遊説《ゆうぜい》などをしておられると思いますので。

福島瑞穂守護霊　私（守護霊）がいなくなったら、何も思いつかなくなる可能性があるじゃないですか。

小林　あ、そうですか。今日は、しばし、お時間を頂きたいと思います。

福島瑞穂守護霊　うーん。

小林　まあ、参院選も近づいておりますので、インタビューおよび若干《じゃっかん》の討論も入るかもしれませんけれども……。

福島瑞穂守護霊　「レクイエム」って何よ？　これ、なーに？　これ、何、何？　うん？

小林　結果としてどうなるかは、これからの一、二時間、視聴者《しちょうしゃ》ともども、お楽しみに……。

福島瑞穂守護霊　うーん。「教会に葬《ほうむ》る」っていうこと？

小林　いえいえ。〝教会に奉《たてまつ》って〟、これから一、二時間、〝楽しい〟ひと時を過ごしていただければと思います。

最初に出てきた言葉は「嫉妬《しっと》」

福島瑞穂守護霊　うんうん。ああ、嫉妬《しっと》してるのね？　私たちに。ああ、そういうことかあ。

小林　面白《おもしろ》いですね。この局面で、最初にすぐ「嫉妬」という言葉が出てくるのですか。

福島瑞穂守護霊　うーん。嫉妬してるんじゃないの？　もしかして、私の顔が売れて、全国的に知られているから。もう、テレビの電波に流れて、新聞に載《の》って……。

小林　いやいや。今日は、あまり心理学的手法はとらないつもりでいたのですが。

福島瑞穂守護霊　あ、そう。

小林　一般《いっぱん》的には、最初に口に出てくる言葉というのは、ご本人が常日ごろ思っておられるものであることが多いのです。

福島瑞穂守護霊　うーん？

小林　要するに、社民党とか、左翼《さよく》系の方というのは、一般的には……。

福島瑞穂守護霊　いや、私たちは、恵《めぐ》まれていますから、嫉妬することはないんですけど。

小林　ええ。鳩山《はとやま》政権のときの閣僚《かくりょう》のなかで、実は、二番目の資産家であったとか、そういったことに関しては、後ほど、だんだんにインタビューをさせていただきたいと思います。

福島瑞穂守護霊　（笑）あんた、やっぱり嫉妬深いじゃない？

小林　いえいいえ。私は、客観的な事実を国民の前に明らかにするのを使命にしておりますので。

福島瑞穂守護霊　うーん。

「社民党の真実」に目を開いていただくための機会に

小林　では、具体的な論点に少し入らせていただければと思います。

今日、お招き申し上げた趣旨《しゅし》は、「野党もたくさんあって、全部を一つひとつ総ざらいするわけにもいかないため、野党の『右代表』というかたちで、社民党の福島さんにインタビューをすれば、主要なところをだいたいカバーできるだろう」ということです。

福島瑞穂守護霊　まあ、それは、いいけどもね。あなたがたの間違《まちが》いを正して、「信者のみなさんがたに、それを知らす」という重要な仕事があるわけですから。

小林　われわれとしても、社民党に投票された三百万の方々に、真実に目を開いていただく、よい機会であると思います。

福島瑞穂守護霊　ああ、信者にするつもりね？　そうは行かないわよ。うーん、駄目《だめ》よ。

小林　今日は、それを楽しみにやらせていただければと思います。

福島瑞穂守護霊　うーん。

「消費税増税反対」に傾《かたむ》く世論《よろん》に反応するマスコミ

小林　さっそく一点目なんですけれども、今のいろいろなマスコミ報道等を見ていますと、実は、世論《よろん》が、「さすがに来年の消費税増税はまずいのではないか」という方向に少し傾《かたむ》きかけてきていて、それをマスコミが敏感《びんかん》に察知しているようです。

福島瑞穂守護霊　うーん、うんうん。

小林　ただ、そうかと言って、その点で、あまり安倍《あべ》さんを攻《せ》めたりおだてたりするわけにもいかないため、マスコミは、「取り上げる〝弾《たま》〟がない」ということで、とりあえず、今、共産党を少し持ち上げ、「消費税増税反対」という主張に食いついています。

ここ一、二週間の週刊誌等では、そういう論調を出しているところがけっこう多いのですが、確か、社民党さんも、消費税の増税には反対しておられたと思うので、その部分に焦点《しょうてん》を当てて、左翼系の方々の消費税増税反対論の嘘についいて……。

福島瑞穂守護霊　う！　なんで嘘なのよ！

小林　ちょっと、そのあたりを、ぜひ、議論させていただきたいと思うのです。

景気回復を謳《うた》いながら企業《きぎょう》増税を主張する矛盾《むじゅん》

福島瑞穂守護霊 （消費税増税反対は）あんたがたも言ってるのに、何を言ってるの？

小林 要するに、「景気を回復させるためには、消費税の増税は駄目だ」と。

福島瑞穂守護霊 うん、うんうんうん。

小林 ここまでは、幸福実現党とも主張が同じなんですけれども、非常に不思議なことに、社民党にしましても、共産党にしましても、同時に、企業《きぎょう》増税などを考えておられますよね？ 党是《とうぜ》として。

福島瑞穂守護霊 うーん。

小林　それは、いったい、どういうことなのでしょうか。

福島瑞穂守護霊　うーん……。

小林　景気を回復させていこうとするときに、いろいろなかたちで、企業増税をしたり、富裕《ふゆう》者に増税をしたりしていくと、景気は確実にダウンします。これは、経済学的にも百パーセント証明されていることです。

福島瑞穂守護霊　うーん。

小林　景気回復を言いながら、実は、それと正反対のことを同時にやろうとしているわけです。「消費税増税反対」というスタンスを取っているのは、本当は、景気回復のためではないのではありませんか。このへんは、社民党や共産党のなかに、嘘とは言いませんが、ある種の欺瞞《ぎまん》があるように感じるのです。

この点に関しては、いかがですか。

福島瑞穂守護霊　いや、それは哲学《てつがく》の問題でしょう?

小林　いやいや。哲学の問題ではなく、経済学上の問題です。

福島瑞穂守護霊　いや、私たちは哲学の問題として捉《とら》えているんです。「消費税増税反対」は、やはり、「一つひとつの家庭を守る」「庶民《しょみん》を守る」という哲学のもとに言ってるわけだから。

社民党支持者の所得水準は意外に低くない

小林　では、その点に関して申し上げます。

福島瑞穂守護霊　ええ。

小林　社民党の三百万の投票者の大半の方々は、サラリーマンであり労働者なので、その方々に申し上げますが、企業増税をしたら、給料は減っていきます。この点は、どう考えているのでしょうか。

福島瑞穂守護霊　うーん。まあ、それは会社が払《はら》うんだから、いいんじゃない？　関係ないじゃない。

小林　いやいや。会社の利益が減れば、給料は減りますし、ボーナスも減っていきます。

福島瑞穂守護霊　社民党の支持層っていうのは、管理職になっていないようなサラリーマンだから、所得税もほとんど払わなくていい層が多いのよ。だから、消費税が上がったら、実損が出るの。

小林　いえいえ。

福島瑞穂守護霊　管理職になるような人が所得税を払えばいいのよ。

小林　いえいえ。ちょっと待ってください。一種のディベート論でごまかしをされているのは分かっています。共産党系や公明党系の場合、その議論は、一つの立論として成り立つのですが、社民党の支持者には、意外とインテリ層の方も多いですし……。

福島瑞穂守護霊　インテリはね、金が儲《もう》からないのよ。

小林　いえいえ。社民党には、あなたのようにインテリで資産家の方も、実は、けっこういらっしゃって、例えば、雑誌で言えば朝日新聞の「AERA《アエラ》」を読むような層が多く、意外に所得水準は低くないんですよ。

福島瑞穂守護霊　うーん。

支持者層の暮らしを守れない「企業《きぎょう》増税」

小林　社民党の場合、例えば、公務員であるとか、あるいは、あなたと同じように仕事を持っておられる女性であるとか、けっこう、ダブルの収入のある層に支持者がいらっしゃるので、企業《きぎょう》増税は意外に効いてくると思います。

「消費税増税をしない」という主張は、一見、耳触《みみざわ》りはいいのですが、その一方で、党是によって企業増税をしていけば、ボーナスは必ず減りますし、給料も上がりません。

福島瑞穂守護霊　いやあ、それは……。

小林　結局、暮らしを守っていないことになりますが、その点に関して、どう弁明をされるのか、以前からお訊《き》きしたかったのです。ぜひ、お答えいただきたいと思います。

福島瑞穂守護霊　まあ、企業に対する税金は、バシッと取れますけども、個人のほうは、やはり景気の変動によって企業に調整されますからね。

だから、個人としては、たまたま儲けすぎた人には税金が高くかかってもしょうがないかもしれないけど、あまり税金を取られるなら……。

当然ながら、企業は給料もボーナスも減らしていきますし、減らさなければ、「リストラされる」ということがありますから、まあ……。

小林　企業が税金を払えない状態というのは、それをマクロで合算すると、「経済成長率がマイナスになっている」ということを意味するんですよ。

福島瑞穂守護霊　うーん。

小林　そうすると、国の富がどんどん減っていって、国民はどんどん貧乏《びんぼう》になっていきます。

福島瑞穂守護霊　だからねえ……。

「国家」がなく「社会」しかない社民党

小林　社民党は、貧乏を礼賛《らいさん》し、追求している政党なのでしょうか。

福島瑞穂守護霊　うーん。私たちの頭には、もう国家なんてないのよ。

小林　国家がないんですね？

福島瑞穂守護霊　社会しかないんです。

小林　要するに、国家がないんですね。

福島瑞穂守護霊　国家がないの。だから、大事なのは社会であるし、その構成員であるところの、個人であるわけで……。

小林　あの、お聴《き》かせいただいて、いいですか。

福島瑞穂守護霊　うん。

小林　福島さんのおっしゃっている国家と社会の違いは何ですか。

福島瑞穂守護霊　うーん。だから、国家には、独裁者や、人の意見を聞かないような指導者が出てくる可能性がある。社会には、そういうものは存在しない。

小林　あなたは、一時、入閣していましたが、そうすると、党首として政権を目指していること、あるいは、政治家としての本当の意図は、独裁者になることなんですね？

福島瑞穂守護霊　うん？

小林　これ（独裁者）は、共産党など、社会主義者のすべての共通点です。

福島瑞穂守護霊　いえいえ。私が入ることによって、国家が崩壊《ほうかい》するわけです。

小林　国家を解体するのが目的？

福島瑞穂守護霊　ええ。もちろん、国家解体論者ですよ。

小林　「日本の国を解体するのが、実は社民党の目的である」と?

福島瑞穂守護霊　もちろんですよ。国は、国民の血税をいっぱい貯《た》めて、いろいろなところに使って悪さをしているのを隠《かく》しているけど、国家を崩壊させれば、この〝血税のダム〟が決壊して個人のほうへ戻《もど》ってくるじゃないですか。

日本が停滞《ていたい》したのは、「社民党が弱ったから」?

小林　その論点は後半で訊こうと思っていたのですが、今、日本をとりまく環境《かんきょう》のなかで、「日本という国家、ザ・ネーション・オブ・ジャパンを解体させたい」と思っている、大きな外国の勢力が一つあります。

福島瑞穂守護霊　うーん。

小林　それは中華《ちゅうか》人民共和国です。

福島瑞穂守護霊　そんなことはないでしょ？　あそこは国家を大事にしている国ですから。

小林　いやいや。「日本という国家を解体したい」と思っている国です。

福島瑞穂守護霊　そんなことはないでしょう。

小林　要するに、「基本的には、そこと考え方が同じだ」ということですね。

福島瑞穂守護霊　あそこは、外側に薄《うす》ーいギョーザの皮みたいな「国家」があって、あとはもう、人民がビシーッと詰《つ》まってる国なんですよ。

小林　貧困《ひんこん》の平等の下で、あなたのような一部の党のエリートが独裁するという、共産主義の辿《たど》ってきた歴史を、実は、社民党も目指しているわけですね。

福島瑞穂守護霊　そんなことはないですよ。絶対、違いますよ。だって、中国は隆々《りゅうりゅう》として経済発展し、国が豊かになって国民の所得も増えているのに、日本は、経済がずっと停滞《ていたい》し、みんな下を向いて未来がなくなってるから、一緒《いっしょ》のはずがないじゃないですか。

小林　いえいえ。それは……。

福島瑞穂守護霊　だから、「まさしく、社民党が弱っていくのと同時に、日本は、中国と反対の国になった」って言ったの！

社民党支持層のベースは都市系のサラリーマン

小林　あなたも加わっていた民主党連立政権が、自助努力をしてまじめに頑張《がんば》っている企業やサラリーマン、勤労者をいじめて、その人たちから富を収奪《しゅうだつ》し、それをばら撒《ま》いた結果、日本の経済成長が落ちていったのです。

福島瑞穂守護霊　それは、自民党だ。

小林　いえいえ、いえいえ。

福島瑞穂守護霊　え？　自民党がやったのよ。

小林　いや、それは、社民党が加わっていた民主党連立政権の最大の特徴《とくちょう》です。

福島瑞穂守護霊　自民党は、自分たちの支持者たちに、ばら撒いていましたけどね。

小林　高度経済成長のころにやっていたことを、あなたがたは、経済成長が落ちてからやっていたので話が違います。

福島瑞穂守護霊　私らは、基本的には都市型ですから。

小林　ええ、「都市型だから、実は、所得水準がそうずっとは低くないんだ」ということを申し上げているのです。

福島瑞穂守護霊　自民党は、農民とか漁民とかに無駄金を長年ばら撒いて、固定層を取っていたわけです。一票は一票ですから。都市の人はうるさいからね。

小林　社民党は、基本的に、都市系のサラリーマンおよび勤労者がベースであるわけですね？

福島瑞穂守護霊　まあ、そうですけどね。

小林　そういう人たちは、残念ながら、最低限の課税水準の下にずっと落ちていたりはしないんですよ。

福島瑞穂守護霊　うーん、まあ……。

中小企業《きぎょう》を守るためには、「大企業の狙《ねら》い撃《う》ちは当然」？

小林　だから、お話し申し上げたいのは、社民党および社民党の周辺の……。

福島瑞穂守護霊　あんた、ようしゃべるねえ。ほんとにもう。

小林　あなたが、本当のことをおっしゃらないからです。

福島瑞穂守護霊　お客さんにしゃべらせないで、一人でしゃべってるよ。もう誰《だれ》も聞いてないよ。

小林　いえいえ。これは、録画されて、上映されるときに……。

福島瑞穂守護霊　え？　もう視聴率ゼロよ、これ。

小林　いえいえ。そちらのほうのマーケティングはお任せいただいて大丈夫《だいじょうぶ》ですので。要するに、「『企業《きぎょう》には増税すべきだ。それによって、サラリーマンの所得を減らし、日本という国を貧しくし、国家を解体したい』というのが、言ってみれば、社民党の本当のマニフェストではないですか」と言っているのです。

福島瑞穂守護霊　だから、例えば、トヨタみたいなところが大金を儲けても、実際は、下請《したう》けをいじめて、コストを下げて儲けているだけだから、ガバーッと税金をかけなきゃいけないわけ。下請けのほうは、みんな、食うや食わずの安い給料でやってるわけですからね。そういう人たちが苦労しないようにしなければいけないわけですよ。

　だから、大企業の狙《ねら》い撃《う》ちは当然ですよ。大企業は強いんです。中小企業や下請け、仕入れ先などにたくさんしわ寄せをして、利益を出していくんですから、大企業を狙います。それはそうです。

小林　ただ、小さいベンチャー企業なども、すべては、発展し、成長し、大きくなることを目指しているわけですよ。

福島瑞穂守護霊　うーん。

小林　ですから、大きなところを狙い撃ちすることは、「大きくなること、つまり、企業を成長させることは良くないことだ」という誤ったメッセージを有能有為《ゆうのうゆうい》な中小企業の経営者たちに発信していることになるので、これは、彼らにとっても、国の経済成長にとってもプラスにはなりません。

「景気をよくする気はない」と本音をもらす

福島瑞穂守護霊　うーん。何が言いたいの？　「消費税反対」は、おたくも言っていて一緒なのに……。

小林　いやいや、反対は反対なのですが……。

福島瑞穂守護霊　自分の首を絞《し》めてるだけじゃない。あんたバカじゃないの？

小林　いえいえ。

福島瑞穂守護霊　自分の首を絞めてるんじゃない？　幸福実現党の政策を変えなさいよ、ちゃんと。ええ？

小林　今、社民党を支持している有権者の方に申し上げているんです。

福島瑞穂守護霊　うーん。

小林　「社民党の言う『消費税反対』に乗っかっても、景気は絶対によくなりませんよ」ということを申し上げているのです。

福島瑞穂守護霊　別に、よくする気はないですよ。

小林　よくする気はないんですね？

福島瑞穂守護霊　うーん。

小林　分かりました。ありがとうございます。

福島瑞穂守護霊　だから、金が貯まってるところから抜くだけです。

綾織　「国から血税を持ってくる」というのと……。

福島瑞穂守護霊　国と大企業と大金持ちから持ってきて……。

綾織　はいはい。

福島瑞穂守護霊　それで、ばら撒けばいい。再分配するのよ。

綾織　「国家は、そこでなくなっていく」と？

福島瑞穂守護霊　国家の機能が強いと、再分配なんかできなくなるじゃないですか。国家は弱くしないと。

綾織　国家を弱くする？

福島瑞穂守護霊　うん。そうしたら、みんなの「くれくれ」の力が強くなるじゃないですか。

綾織　でも、配るものがなくなっていきますよね。

福島瑞穂守護霊　〝動物園の園長〟の力が強いと、〝バナナ〟をあまり配ってくれないけど、〝園長〟の力が弱くなってきたら〝猿《さる》〟の力が強くなる。

「マネジメントで企業《きぎょう》が発展する」というのは幻想《げんそう》か

綾織　しかし、〝園長〟の力が弱くなると、〝バナナ〟自体もなくなってしまいますよ。それはいいのですか。

福島瑞穂守護霊　そんなことはないです。あなたがたは、マネジメントを過大評価してるのよ。「経営者に知恵《ちえ》があって、企業《きぎょう》が発展している」っていうのは、幻想《げんそう》なの。その幻想に騙《だま》されてるのよ。

経営者なんかいなくても、みんなが勤勉に働けば収入は増えるのよ。

小林　それは、あなたがさっきおっしゃった、中国の発展ということと話が矛盾《むじゅん》していますよ。中国は、マネジメントに目覚めたから、経済が発展し始めたのではないですか。

福島瑞穂守護霊　マネジメントなんか分かってないわよ。あそこは単に脅《おど》してるだけ。強制労働でしょ?

小林　ああ。それが中国の本性《ほんしょう》だと認識しているわけですね。分かりました。

綾織　「富は、企業から自然に出てくる」という考えなのですか。

福島瑞穂守護霊　大勢が集まって働けば、収入ができてくるでしょうよ。ミツバチだって、たくさん飛ばしたら、蜂蜜《はちみつ》がたくさん集まるじゃないですか。一匹《ぴき》じゃ蜂蜜は集まらないですよ。何千匹、何万匹と放つから、集まってくるんじゃないですか。

小林　ただ、誰かが花畑で花を育てていなければ、ミツバチがいくら飛んだところで、蜜なんか採れないんですよ。

それをやっているのが、国のいろいろな施策《しさく》であったり、未来産業戦略であったりするわけです。

福島瑞穂守護霊　いや、花がなかったら、ほかの畑に飛んでいくのよ。

小林　ああ。つまり、「中国みたいに侵略《しんりゃく》に行く」と?

福島瑞穂守護霊　ほかのところへ飛んでいって、どこかから見つけてくることになる。だから、働き蜂がいれば、必ず蜜は集まるのよ。ミツバチの世界にはマネジメントなんか全然要《い》らないの。

綾織　それは、「どこかから奪《うば》ってくる」というだけの話なわけですね。

福島瑞穂守護霊　アリだって、女王アリは全然マネジメントなんかしていないよ。働きアリが餌《えさ》を持ってくるのよ。

小林　例えば、働きアリが、隣《となり》のアリの巣へ行って、侵略し、略奪してくることを、社会主義者は、経済の本質だと考えているんですね。

福島瑞穂守護霊　だから、基本的に、経営者だとか、経営陣《じん》だとか、マネジメント層だとか、こんなものは要らないんです。窓口としてだけ存在してもいいけど、あとは、みんな平等でいいのよ。

社民党という「非営利組織」の経営をどう見るか

小林　ちなみに、社民党という政党も、一つの非営利組織として、マネジメントの観点から見ることができるので、ちょっとご質問いたしますが、この二十年間、支持者および国会議員数は、どのように推移されましたか。

福島瑞穂守護霊　うちですか?

小林　はい。

福島瑞穂守護霊　まあ……（苦笑）。

小林　要するに、マネジメントが成功したか失敗したかというのは、成果、アウトプットによって測られるんですよ。

福島瑞穂守護霊　うちは、別に営利組織じゃありませんから。

小林　ですから、非営利組織の経営ということを、今、申し上げているんです。

福島瑞穂守護霊　そんなことないわよ。

小林　ドラッカーが言っていることです。

福島瑞穂守護霊　あのねえ、社会党とか社民党とかが、そんなものを信じるわけがないでしょう?

小林　だから、落ち込《こ》んだのでしょう?

福島瑞穂守護霊　そんなことないですよ。

小林　衰退《すいたい》したでしょう?

福島瑞穂守護霊　そんなことないよ。

小林　永田町《ながたちょう》の党本部ビルから出ざるをえなくなったでしょう?

社民党を助けたら、幸福の科学を「いい宗教」に分類する？

福島瑞穂守護霊　何よ。あんたがたが、あれを二百億円ぐらいで買ってくれないからいけないいんじゃないの。何言ってんのよ。

小林　それは、かなり浄霊《じょうれい》しなければいけないので（笑）、ちょっと……。

福島瑞穂守護霊　あんたがたが二百億円ぐらいで買ってくれたら、うちは、別のビルを買って使えたんじゃないの。何で買わないのよ。

小林　二百億円で買うことは簡単ですけれども、そのあと、悪霊祓《あくれいばら》いというか、霊域《れいいき》の浄化をするには、かなりエネルギーと時間がかかるので。

福島瑞穂守護霊　「初期のころ、安く貸してもらった」って、さっき言ってたじゃないの。だから、もうビルを壊《こわ》す費用もないし、売りたくて困ってるようなときに、その恩義に報《むく》いて、何で宗教で貯まった金をバカーッと大量に出さないの？　溜《た》まって溜まってしょうがない血を蚊《か》に抜いてもらうみたいに、バサーッと払《はら》って……。

小林　では、仮に、当会が購入《こうにゅう》に入ったら、今日、主張されていることは、コロッと変わるわけですか。

福島瑞穂守護霊　まあ、おたくを、いい宗教のほうに分類してあげるわよ。

小林　ああ、なるほど。そういう考え方なわけですね。

福島瑞穂守護霊　だけど、ケチよね。困ってる人を助けようとしないじゃない。

小林　いえいえ。

福島瑞穂守護霊　困ってる政党を助けなかったよ。

小林　いえいえ。人々を不幸にする方向に持っていくような考え方の政党を支持するわけにはいかないので。

福島瑞穂守護霊　噂《うわさ》では、「一回目の選挙では、二カ月で百億円も使った」っていう話じゃないの？　そんな金があったら、私たちに寄付しなさいよ。〝いい政治〟をするから。

3 「社会保障」に関する本音

国家はなくても国税庁さえあれば税金は入る？

綾織　話は戻《もど》りますが、「国の機能は、右から左にお金を移していくだけ。大企業《きぎょう》等からお金を取り、それを分配してくれれば、それでいい」ということなんですよね？

福島瑞穂守護霊　いや、国なんか、もうちょっと管理層が少なくてもいい。まあ、市町村より大きい単位には要《い》ると思うけども、いなくてもいいぐらいですよね。

小林　でも、「夜警《やけい》国家」と言って、少なくとも、消防機能や警察機能などは必要なわけですから、もし、あなたが「国の機能を放棄《ほうき》する」と言っても、どこか外国がやってきて、そこの部分を取って代わるだけですよ。

福島瑞穂守護霊　そんなのは想像にしかすぎないし、妄想《もうそう》かもしれないし……。

小林　いえいえ。現実に、チベットやウイグルなど、いろいろなところで問題が起きましたでしょう？

これは、想像ではなく、現実の問題ですよ。

福島瑞穂守護霊　「それによって（国が）豊かになった」という話じゃないですか。

小林　いえいえ。そうやって、過去五十年間で、国の数が数十も減っていますからね。これは、現実に起きていることなんです。だから、「国家を解体する」ということを、一政党の党首が軽々しく口にするのは、やはり、どうなのでしょうか。

福島瑞穂守護霊　あれはねえ、仏教思想に誤りがあったからですよ。仏教は、乞食《こじき》ばっかりになるから、だから、ああなったんです。

綾織　では、例えば、年金問題について、社民党も「基礎《きそ》的年金を一人当たり八万円配る」と言っているわけですが、そうした分配機能も、国家がなくなれば消えてしまうわけですよね？　それはそれで構わないのですか。

福島瑞穂守護霊　うん、国家はなくても国税庁さえあれば、まあ、税金も入ってくるでしょ？

綾織　（苦笑）「国税庁が配ればいい」と？

福島瑞穂守護霊　うん。

小林　（苦笑）でも、その国税庁は「強制権」を発動するわけですよ。強制権ということは、要するに、国の権力の行使そのものですよ。

福島瑞穂守護霊　国税庁と分配庁があれば……。

家族法が専門なので「公法はよく知らない」と告白

小林　あなたは法律家なんだから、少なくとも、そういうごまかした議論は、ちょっとやめましょうよ。

福島瑞穂守護霊　うーん。いや、だけど、私、家族法のほうが専門なのよね。だから、よく分かんない。

小林　ああ、要するに、「統治の法は知らない」と？

福島瑞穂守護霊　よく分かんないのよ。

小林　「公法のほうは分からない」と?

福島瑞穂守護霊　ごめんね。

小林　あのですね! 政治家をやりながら、「公法は分からない」というのは、やや失言に近いと思うのですが。

福島瑞穂守護霊　いやいや、まあ、恵《めぐ》まれない人を救うのが仕事なんで……。

法律の専門家に〝年金詐欺《さぎ》〟への見解を求める

小林　それでは、今、年金の話が出ましたので、少しその議論に入りたいと思います。あなたは法律家ですし弁護士なので、今から申し上げる議論は十分ご存じだと思いますが、実は、日本国政府が数十年……。

福島瑞穂守護霊　あんた、ようしゃべるなあ、ほんとにもう！

小林　いいですか。「数十年間続けてきた年金の保険料を政府が使ってしまったことは、実は、法律的には、詐欺《さぎ》に当たる」ということは、法律家として、ご存じですよね。

福島瑞穂守護霊　まあ、それは、そうだけど……。

小林　「あれは、泥棒《どろぼう》と同じだ」ということはご存じですよね。

福島瑞穂守護霊　盗《と》ることは悪いですよ。うん、まあ、それは悪い。

小林　要するに、それを認めますね？

福島瑞穂守護霊　それは、悪い。

小林　つまり、これは、「税金」ではなく「保険料」ですから、所有権は払《はら》った側に留保されていることを、あなたもご存じでしょう？　それを勝手に使ったということは、実は泥棒と同じであると分かっているわけですよね。

福島瑞穂守護霊　まあ、そういう議論は、あんまり好きじゃないんだけど……。

小林　いやいや、ほかの党首と違《ちが》って、あなたは法律家だから、これが分かると思いますので。

福島瑞穂守護霊　チッ！（舌打ち）あんたも、ほんと、うるさいわねえ！　とうとう頭にきちゃった、私も。

小林　いや、弁護士の政治家だから、分かるんでしょう？　つまり、「そのことをごまかして、年金の議論をしていたのではないですか」ということを、私は申し上げたいんです。

福島瑞穂守護霊　私はねえ、法律・憲法といっても、「統治の法は、あんまり好きではない」って言ってるんだ！　「あっちのほうは、もう要らない！」って思ってるぐらいなんだ。ほんとに、もう……。

小林　分かりました。

「年金問題は『自民党の借金』だから無関係」と開き直る

小林　いずれにしても、あれは、税金ではありませんので、法律上は「財産権の侵《しん》害《がい》」に当たるわけです。つまり、所有権のある、人のお金を勝手に使ってしまったのですから、実は、「国家による泥棒」をしたことになります。

福島瑞穂守護霊　それは、自民党が悪いんだ。自民党が悪いわ。だから、今、生きてる首相は、もう、全員絞首刑《こうしゅけい》にしたらいいんだ、ほんと。

小林　歴代の厚生大臣も全員対象になりますし、そのなかには、当然、社民党を含《ふく》めた連立政権も対象に入っています。要するに、「国民の財産を盗《ぬす》んだ」ということに関して……。

福島瑞穂守護霊　いや、私、私らは、強制されただけであって……。

小林　年金の件に関して、社民党を支持する三百万の有権者の方に申し上げたいのですが、表向きには、「年金等、さまざまなもので老後を充実《じゅうじつ》させ、暮らしを安心させます」と言っておきながら、実は、詐欺で奪《うば》い取られていたんですよ。

福島瑞穂守護霊　うーん。

小林　これからまた、新たな詐欺で、それを取らせようと、社民党をはじめとする野党各党が提案されているのですが、そのことに関し、法律家としては、どう責任を感じておられるんですか。

福島瑞穂守護霊　いや、別に、「取る」ということだって、増税ということなら、「増税論者」っていう言い方になるじゃないですか。私は、「増税しろ」とは言ってないわけで、そんなに、あの……。

小林　だから、増税しない代わりに、「保険料」というかたちで騙《だま》し取っているわけでしょう？　つまり、税金ということであれば、財産を強制移転できるんですけれども、保険料という名目ですから、「詐欺でふんだくる」ということでしょう？

福島瑞穂守護霊　うーん。

小林　それであれば、国民にばれないから、とりあえず、そちらのほうで充実させてしまおうというのが、実は、社民党の年金政策のように見えるのですが、その点に関しては、どうなんですか。

福島瑞穂守護霊　いやいや、だからねえ、今、「国の借金」なんていう言い方をしてるけど、あれは、「役人の悪さ」であってね。やっぱり、あれは、「自民党の借金」と言うべきで、自民党が使い込《こ》んだものについては、「国民に対して借金を背負っている」と思って、自民党が払い続けるべきです。

小林　「政権交代」を考えている民主主義国家の野党としては、そういう発言をするべきではないと思うんですよ。

福島瑞穂守護霊　うーん。

小林　例えば、ロシア共産党や中国共産党のように、体制をぶっ壊《こわ》して、自分たちの独裁国家にしたあと、「前政権の関係者を皆殺《みなごろ》しにする」というような政党においては、そういう議論も成り立ちますけれども、民主主義国家において、政権交代をするようなところの政治家は、たとえ野党でも、そういう発言をするべきではないと思うんです。

もしも、「福島瑞穂総理大臣」が誕生したら？

福島瑞穂守護霊　例えば、私を首相にしてごらんなさいよ。

小林　はい？

福島瑞穂守護霊　もう、国会は十人もいれば十分になりますから、すごい節約になりますよ。

小林　ものすごい独裁ですね。中国共産党の常務委員会みたいですね。

綾織　それでは、ぜひ教えていただきたいのですが……。

福島瑞穂守護霊　あん？

綾織　もし、首相になったら、どういう政策を行うつもりですか。

福島瑞穂守護霊　私が首相だったら、自分の気に入った人以外は、絶対、使いませんから、あとは、もう、みんな要らないです。現実にね、十人ぐらいで会議したら、スピーディーに、すべてが片づいていくでしょうね。私は、人権問題に関して必要な法律は、パッパーッと、どんどん通していきますから、それで終わりです。そうすれば、行政組織はほとんど要らなくなっていきますから、ザーッとスリム化していきます。

綾織　ああ、はいはい。

では、具体的に、税金等については……。

福島瑞穂守護霊　税金も、もう、少なくて済むようになりますよね。

綾織　少なくて済むんですか。

福島瑞穂守護霊　うん。税金は少なくて済みますよ。社会保障には使うけども、それ以外の、官僚《かんりょう》に払う給料がどんどんどんどんどん減っていきますから。

驚《おどろ》きの失業者対策は「一円起業」のすすめ

綾織　それでは、社会保障はどうするんですか。何をどうしますか。

福島瑞穂守護霊　え？　え？　社会保障？　だから、社会保障は、官僚の給料を削《けず》ることで、それを移動すればいいじゃないですか。

小林　国家公務員にも労働組合の人がいますが、何百万人か失業者が出るかもしれませんが、それについては、どうされるんでしょうか。

福島瑞穂守護霊　ああ、それは、民間でしっかり汗《あせ》を流して働けばいい。

小林　だから、どうやって雇《やと》わせるんですか。

福島瑞穂守護霊　ミツバチとして、どっか、〝蜜《みつ》〟を取りに行かないと、しょうがないですよね。

小林　大企業が利益を出していなかったら、それほど大量の失業者を雇えませんよ？

福島瑞穂守護霊　だから、まあ、零細《れいさい》企業をつくることですよ、自分でね。

綾織　自分でつくる？（苦笑）

福島瑞穂守護霊　資本金一円で株式会社をつくれるんですから、やったらいいんですよ。自分で会社をつくってね。

小林　資本金一円の会社が、どうやって人を雇うんですか。

福島瑞穂守護霊　「一人社長」で「一人会社」なんて、いくらでもあるわよ。

小林　いやいや、資本金一円で、例えば、給料二十万円の社員をどうやって雇うんですか。

福島瑞穂守護霊　うーん、それは大丈夫《だいじょうぶ》ですよ。幸福の科学さんで経営指導を受けたらいいんですよ。そうしたら大丈夫ですよ。企業家を養成してやったらいいんじゃないですかあ。

綾織　これは、実際に、医療《いりょう》や年金など、もう、どんどん、弱者に配っていくスタイルになるわけですか。

福島瑞穂守護霊　まあ、ある限りはね。それでやりますけど。

綾織　「ある限りは」ですか。

福島瑞穂守護霊　本来は宗教がやってた仕事を、今、病院が引き受けてくれてるわけですからね。まあ、そういう意味では、「救済事業」をやってるわけだから……。

高齢者《こうれいしゃ》に「老後の生きがい」をどのように与《あた》えるか

小林　今、病院の話が出たので、幸福実現党との違いを明確にする意味で、一点、お訊《き》きしたいことがあるんですけれども……。

福島瑞穂守護霊　ようしゃべるねえ、あんた、ほんとにもう。

小林　いえいえ。重要な点なので……。

福島瑞穂守護霊　半分ぐらいにならない？　その言葉数《かず》。

小林　先ほど、「老後の安心」についておっしゃいましたね？

福島瑞穂守護霊　うん。

小林　最近は、定年になって、だいたい一年ぐらいで、体を壊して病院に行き、もっと悪くなって、お金がかかったり、死なれたりする方が非常に多いのですが、そのことについて、どう思われますか。政治家として、どう考えているんですか。

福島瑞穂守護霊　うーん。まあ、医学はどんどん進歩しているから……。

小林　いえいえ、今は医療保険のことを訊いているんですよ。

福島瑞穂守護霊　医療保険？

小林　はい。

福島瑞穂守護霊　医療保険でまかなえないものもあるし、まあ、いろいろだわねえ。だけど、イエス様が迎《むか》えに来るまでの間、我慢《がまん》するしかないですよねえ。まあ、人によって違うんでしょうけど。うーん。

小林　ですから、幸福実現党としては、「実は、『生涯現役《しょうがいげんえき》』という考え方が必要だ」ということを申し上げています。

福島瑞穂守護霊　ああ、それは、〝人殺し〟ですよ。

小林　いえいえいえいえ。

福島瑞穂守護霊　「大川隆法という人は本当に悪い人だ」ということが、それで分かりましたよ。「死ぬまで働かせる」というのは、奴隷《どれい》に鞭打《むちう》って働かすときのような感じがしますねえ。それで、石を運んでるうちに死ぬんです。

小林　それは、日本人の平均寿命《じゅみょう》が五十歳《さい》ぐらいだったころの発想のようですが、今では八十歳まで伸《の》びています。現代社会では、肉体年齢《ねんれい》そのものは、だいたい百十歳ぐらいまではいけるんですよ。これは、医学の世界でも証明されています。だから、「『まだ働ける人たちに対し、働く機会を与《あた》えない』という発想のほうが非常に酷《こく》である」と申し上げたいですね。

「弁護士の年収はフリーター並み」の時代に突入《とつにゅう》？

福島瑞穂守護霊　何言ってるのよ。それは、私たち弁護士資格を持ってる者は、生涯働けることになってるけども、弁護士が全然儲《もう》からないような社会をつくったのは誰《だれ》ですか。ほんとに許せないですよ。

綾織　まあ、それは、個人の問題なので（笑）。

福島瑞穂守護霊　ええ？　弁護士なんか、今、もう、みんな失業寸前ですよ。

綾織　まあ、あなたのことはいいんですけれども。

福島瑞穂守護霊　もう、「平均年収が二百万しかない」という話ですよ。これはもう、フリーターと変わらないですよ。セブン-イレブンで働いても、二百万ぐらい稼《かせ》げますよ。

小林　ああ、それが腹が立っているんですね。

福島瑞穂守護霊　何年かかって弁護士に受かると思ってるのよ、あなた。もう、ほんとに！　元が取れないんだから。ええ？

小林　元が取れない？

福島瑞穂守護霊　資本主義社会なんて、こんなの、まったくの嘘《うそ》ですよ。

「バラマキ資金」が底をついたあとに来る社会

綾織　先ほど、「配れる範囲《はんい》で、税金をばら撒《ま》いていく」という話でしたが、それも、どこかで、できなくなるわけですよね？

福島瑞穂守護霊　うん、うん。

綾織　そうしたら、配られていた人たちは、その後、生活ができなくなるわけです。そちらのほうが残酷なのではないですか。

福島瑞穂守護霊　それなら、中国に引き取ってもらったらいいじゃないの？

綾織　中国に引き取ってもらう？

福島瑞穂守護霊　人口が増えてるんだから、いくらでも構わないんだ。

綾織　ほう、中国に送り込むんですか。

福島瑞穂守護霊　うんうん。まあ、一億人ぐらい増えたって平気でしょ？　あの国は。だから……。

綾織　ほう。中国に吸収される？

福島瑞穂守護霊　うんうん。まあ、要らない人をあげたらいいんじゃないの？

綾織　「あげる」と言いましたか。

福島瑞穂守護霊　うん。だから、尖閣《せんかく》諸島に置き去りにしたらいいわ。尖閣に置いといたら、向こうが取りに来るから。

小林　つまり、あなたが政権を取ると、あなたの気に入らない人を、中国の強制収容所のような「労働キャンプ」に送り込むわけですね。

福島瑞穂守護霊　あのねえ、全体主義は、みんな、強制収容所を持ってますから。それがなかったら、もう、左翼《さよく》じゃありませんよ。

小林　なるほど。

4 「リベラル」の恐《おそ》るべき本質とは

「中国からの資金援助《えんじょ》」は今もあるか

小林　ちょっとお訊《き》きしたかったのですが、前身の日本社会党も、中国政府と中国共産党から、ずいぶん資金援助《えんじょ》を受けていましたよね？　これは、公然の秘密、公知の事実ですが。

福島瑞穂守護霊　うん、まあ、いや、共産党には行ってたよ。

小林　いえいえ、社会党のほうにも……。

福島瑞穂守護霊　いやあ、社会党なんて、そんな、ささやかなものですよ。

小林　いえいえ、関連団体まで含《ふく》めると、かなりお金をもらっていましたよね？

福島瑞穂守護霊　うーん。まあ、それはね……。

小林　実は、今もそうなのですか。

福島瑞穂守護霊　いやあ……。

小林　本当は、そうなんでしょう？

福島瑞穂守護霊　いや、中国も金がないのか、そんなに援助してくれないのよ。

小林　最近、ちょっと減ってきたのですね？

福島瑞穂守護霊　やっぱり、力がなくなると見捨てられるのよ。

小林　ああ、議席数が減ったので、資金を絞《しぼ》られたんですね。なるほど。

福島瑞穂守護霊　いやあねえ、ほんと。

〝悪い人〟は強制収容所に送って「優《やさ》しい社会」を実現

綾織　すみません。先ほど、「強制収容所」とおっしゃいましたが、これを日本国内にもつくりますか。

福島瑞穂守護霊　それは必要でしょう。

綾織　必要なんですか。

福島瑞穂守護霊　ええ。やっぱり、あなたがたのような思想犯とか、石原慎太郎《いしはらしんたろう》みたいな思想犯は、やっぱり、強制収容しなきゃ。

綾織　ほお、ほお。

小林　ああ、なるほど。

福島瑞穂守護霊　ナチズムが起きますから、気をつけないといけないでしょう？　たいていは、石原慎太郎みたいなのがナチの始まりですから。

綾織　はいはい。では、いわゆる保守系の人と、宗教関係者は、すべて入れてしまうのですか。

福島瑞穂守護霊　だから、ああいうのは、〝ボケ老人〟と称《しょう》して、強制収容しなきゃいけませんね。

小林　ああ。

福島瑞穂守護霊　いや、全部じゃありませんよ。宗教関係者のなかで……。

綾織　宗教者を選《よ》り分けるんですか。

福島瑞穂守護霊　ナチズムに走っていきそうな、ネオナチ系の宗教関係者は、やっぱり、ちょっと隔離《かくり》したほうがいいかもしれないね。

小林　では、「自分と考え方が反対の人は、基本的に、強制収容所のほうへ持ってきたい」と？

福島瑞穂守護霊　うん。国家主義者というのは、だいたい、みんな狂《くる》ってるんですよ。だから、国家主義者は収容しなきゃ危ない。いろいろな権力を行使したがって、人々を弾圧《だんあつ》して苦しめますから。

小林　スターリンや毛沢東《もうたくとう》の例を引けばね、あなたのような考え方をする人や、共産主義者の方が、実は、最大の国家権力者なんですが。

福島瑞穂守護霊　そんなことはない。私なんか、「優《やさ》しい社会」を目指してるんですから。〝悪い人〟を取り除くと、「優しい社会」が出来上がるんですよ。

年収の上限を「一千万円」にすればバラマキ可能？

綾織　そうすると、先ほどの話でいけば、税金を配れなくなって生活できなくなった人も、強制収容所に送られてしまうのではないですか。

福島瑞穂守護霊　そんなことはないですよ。彼らは、配給さえ受ければ、それで満足なんですよ。

綾織　でも、社会が貧しくなったら、配給もできなくなりますよね？

福島瑞穂守護霊　配給できないことはないでしょう。それは、できるはず……。

綾織　いや、大企業《きぎょう》からも取れなくなりますし、豊かな人もいなくなってしまいます。

福島瑞穂守護霊　まあ、私のような大臣とか弁護士とかをやってるような人は年収の上限を無制限として、宮仕《みやづか》えする一般《いっぱん》のサラリーマンについては年収の上限を一千万円にすれば、その分のお金は全部撒《ま》けますよ。それで、みんなが食べていけるようになるのよ。

小林　もしかして、社民党党首の年収も一千万円ぐらいですか。

福島瑞穂守護霊　いやあ、額面上は、もうちょっとあるかもしれませんが……。

小林　手取りが一千万円ぐらいということですか。

福島瑞穂守護霊　いや、経費が多いからね。まあ、とにかく大変なのよ。持ち出しが多くって大変なんだけど、まあ、一千万もあればいいじゃないですか。だから、トヨタの重役であろうが、社長だろうが、一千万ありゃあいいのよ。車ぐらい安くなるでしょうから。

小林　そうしたら、誰《だれ》も企業を起こしたり、経営したりしなくなりますよ。

福島瑞穂守護霊　いや、奉仕《ほうし》の精神で働くのよ。本来、五千万円もらえるところを一千万円にしたら、あとの四千万円分は奉仕するんです。

小林　それは、中国や旧ソ連のように強制しないかぎり、できませんよ。

福島瑞穂守護霊　だから、その気がないような人を隔離するわけですよ。

小林　言うことをきけば奉仕をさせるし、言うことをきかなかったら隔離して、「思想犯」にすると？

福島瑞穂守護霊　奉仕の精神がない人たちや、思想犯は隔離して、一般の人たちに悪い影響《えいきょう》を与《あた》えないようにしていくことが大事なんですよ。

「リベラル＝左翼《さよく》」と断言する福島党首守護霊

小林　うーん。いや、これは、社民党党首の発言としては、なかなか……。

福島瑞穂守護霊　これこそがリベラルの本質なのよ。

小林　実は、リベラルの本質だと？

福島瑞穂守護霊　ええ、そうなの。「一般の人たちを解放する」って、こういうことなんですよ。

小林　原則として、守護霊は嘘《うそ》をつきませんのでね。うーん。これは、本書を大ベストセラーにさせていただきます。

福島瑞穂守護霊　いや、「リベラル」って、そういうことなんじゃないの？　だから、そんな巨大《きょだい》な金持ちや権力者がいたら、それは圧殺されますよ。

小林　いや、本日、私がたいへん感謝していることは、「リベラルというのは、実は左翼《さよく》なんだ」と、改めて実感できたことです。

福島瑞穂守護霊　そうですよ。

小林　そういうことを信じられないといいますか、洗脳されていて分からない国民がけっこう多いのでね。

福島瑞穂守護霊　それは、学者が上手だからね。

小林　うん。それは、実は、学者が上手なんですよね。

福島瑞穂守護霊　英語で言うと分からない。

小林　それが真っ赤な嘘だということを、当の本人が、今、ご自身の言葉で、はっきりと宣言してくださったので。

福島瑞穂守護霊　「リベラル」って左翼よ。

小林　今日、これについては、本当に感謝申し上げたいんですよ。

福島瑞穂守護霊　左翼のことよ。本当は、「共産主義」なんだけど、共産主義は評判が悪いから、「社会主義」と言ったり、「社会民主主義」と言ったりと、言い換《か》えてるだけであって、本質は……。

小林　それをカタカナにしたら、日本語としては、今のような「リベラル」という言葉で使っていると？

福島瑞穂守護霊　本質は一緒《いっしょ》よ。

小林　本質は一緒だと？

福島瑞穂守護霊　だから、そういう悪徳な権力者たちや、人々を洗脳するようなやつを、全員、強制収容所に送り、よーく言うことをきくやつだけを、管理者で少し残して、あとは、フラットな社会をつくる。これが、リベラルの本質です。

小林　うーん。分かりました。
　ただ、社民党のファンというか、今の三百万の外側から五、六百万人ぐらいあたりまでの方々は、私が見たところ、知的批判精神の高い方々、要するに、簡単には言うことをきかない方々が多いように思います。

福島瑞穂守護霊　うーん。

小林　今の発言は、そういう方々に対してのものになるでしょうから、非常に明確で、ありがたかったと思います。つまり、そういう方々に対して弾圧を加えていくわけですよね。

福島瑞穂守護霊　いや、私はね、苦しめられてる人ばかり救うのを、長らく仕事にしていたものだからね。

5 「過去世《かこぜ》」が及《およ》ぼす影響《えいきょう》

「ロシアに貴族として生まれた」と語る

綾織　ところで、先ほどから、「イエス様」とか、「宗教」とか、「救済」とかいう話が出ていますが、あなたは、宗教とも関係のある方なのですね。

福島瑞穂守護霊　それは、そうですよ。だいたい、宗教というのは、本当は貧民街《ひんみんがい》で人々を救う。これが宗教の始まりだし、根本《こんぽん》ですよ。

綾織　あなた自身は、過去世《かこぜ》において、そういうキリスト教系の貧民救済的なことをされていたのですか。

福島瑞穂守護霊　えっ？　ちょっと、よく分からない。質問の意味が、よく分からないんですけど。うん、何を言っているのかが……。

綾織　あなた自身は、福島瑞穂さんの守護霊ですので、過去の人生があると思うのですけれども……。

福島瑞穂守護霊　うんうん。まあ、そうです。そういう言い方は、おぼろげには分かる。だけど、私たちが受けた宗教教育においては、そういうことは、あまり分からないので、よくは分からない。

小林　その縛《しば》りを外して、あなたの目に見えてくる光景や情景から判断すると、だいたい、どんな時代に生まれておられたか分かりませんか。

福島瑞穂守護霊　うーん。何か、ロシアに生まれたような感じがする……。

小林　いつぐらいでしょうか。

福島瑞穂守護霊　よく分からないけど、けっこうケーキとかを食べているから、身分は高かったのかなあ。

小林　それでは、ロマノフ王朝あたりですか。

福島瑞穂守護霊　うーん。分からないけど、けっこう、いい身分ではあったのではないかなあ。

小林　いい身分なのですね。いつぐらいの時代か分かりますか。

福島瑞穂守護霊　農奴《のうど》がたくさんいた。

小林　農奴がいたころ？

綾織　それなら、ロシア革命の前ですね。

小林　ナポレオン戦争のあと？　ナポレオンが攻《せ》めてきたよりあとですね。

福島瑞穂守護霊　うーん。ロシア革命よりは前だったような気がするなあ。

小林　ロシア革命より前ですか。では、十九世紀後半から二十世紀前半の間ぐらい？

福島瑞穂守護霊　いちおう、貴族には属するのかなあ。貴族とは思うけども、ちょっと、あなたがたの思想とは違《ちが》うので、よく分からないんだけども。

「お城」に住んで、「農奴《のうど》」を使っていた？

綾織　そこで貧民救済的なことをされていたわけですか。

福島瑞穂守護霊　そうなのよ。だから、農奴《のうど》をねえ……。

小林　いや、本当？　そのへんについて嘘《うそ》を……。

福島瑞穂守護霊　いかにして解放しようかと、ずーっと考えていてね。

綾織　解放ですか。

小林　ちょっと、話を一回、元に戻《もど》しますけれども……。

福島瑞穂守護霊　もう、私の思想を受けて、トルストイが小説を書き始めたのよ。

小林　今日は、こちらがインタビューをしているわけですから、それにお答えいただきたいと思うのですが……。

福島瑞穂守護霊　あ、そうか。はいはい。

小林　ということは、貴族の娘《むすめ》だったわけですか。あるいは、ロマノフ王朝か何かの娘だったとか。

福島瑞穂守護霊　うーん。身分は、そこそこあったような気がするね。

小林　そのときの人生は、どういう最期《さいご》だったのですか。

福島瑞穂守護霊　まあ、最期は、たらふく食べて、太って死にましたよ。

小林　すると、その時代は、この世的に幸福な生涯《しょうがい》を終えたのですね。「何か悲劇に見舞《みま》われた」とかいうのではなく……。

福島瑞穂守護霊　幸福というか、お城に住んでたからね。

小林　お城に住んで、農奴を使って……。

福島瑞穂守護霊　あれは幸福なのかなあ。よく分からないですけども、農奴たちが働いてはいたと思います。たぶん、私は、貢《みつ》ぎ物などの在庫をチェックしたり、計算したりするようなことをしていたのかなあ。

「搾取《さくしゅ》する側」に立っていたロシア時代の過去世《かこぜ》

小林　ちなみに、ハイエクが、ある本のなかで、「社会主義国家の権力者は、要するに、農奴を使っている封建《ほうけん》領主と同じだ」という言い方をされています。

福島瑞穂守護霊　ハイエクという人は、何か響《ひび》きが悪いのよ。とっても嫌《いや》な感じがする。

小林　やはり、ハイエクには、正体を暴《あば》かれてしまうからですか。

福島瑞穂守護霊　ハイエクという人は、変人なんじゃないかなあ。すごく変人な感じがする。

小林　ただ、今の話で分かってきたのですが、「農奴を使って巻き上げるのが快感だ」

という基本的な構図のなかで……。

福島瑞穂守護霊　まあ、一部のお城に住んでる人たちには身分があるからしかたがないと思うけども、あとは農奴として平等に生きていくことが大事なのよ。

小林　ああ、「平等に生きていく」という……。

福島瑞穂守護霊　そうそう。だから、あなたがたは、みんな〝働き蜂《ばち》〟なのよ。蜜《みつ》を取ってこなくてはいけないのよ。私から蜜を取るなんて、百年早いのよ。

小林　要は、「〝働き蜂〟から搾取《さくしゅ》していた」と？

福島瑞穂守護霊　搾取？

小林　ええ。社会主義のレーニンによると、封建領主は農奴から搾取をしていたわけですが、そのことについてはどう考えますか。

福島瑞穂守護霊　搾取ねえ。まあ、日本語の響きとしては、あんまりよろしくはないですよね。

小林　ただ、あなたの信奉《しんぽう》するレーニンによれば、そういう立場にいた人は、農奴から搾取していたことになるんだけども……。

福島瑞穂守護霊　レーニンは学者ですし、哲学者《てつがくしゃ》ですから、そんな下品《げひん》なことは言わないでしょう。

小林　いやいや。それに、スターリンも同じことを言っていますよ。

綾織　しかも、社会主義や共産主義からすれば、あなた自身は倒《たお》される側です。

福島瑞穂守護霊　そんなことない。よき領主や、その後ろの人たちは、やっぱり尊敬されて……。

綾織　しかし、農奴を使って、搾取していたわけですよ。

福島瑞穂守護霊　だって、女王蜂がいなかったら、蜜を集めたって意味がないじゃないですか。

小林　その「女王蜂」という言葉の響きからは、「徳のある慈悲《じひ》深い女王」というよりも、何となく、「平民をたくさん使って、チューチュー吸い上げている」という感じが、すごく伝わってきますね。

福島瑞穂守護霊　いや、そんなことはないですよ。女王蜂は、大きくならなきゃいけない義務があるけれども、それは、卵をたくさん産まなきゃいけないからなのでね。やっぱり、国民を増やしていくためには……。

小林　いや、当時、あなた自身が〝卵〟をたくさん産んだわけではないですよね。

福島瑞穂守護霊　まあ、それはそうですけどもねえ。

小林　つまり、「取るだけ取っていた」ということでしょう?　実は、当時のあなたご自身が、今世《こんぜ》の人生において、いちばん排撃《はいげき》している対象のような立場だったのではないのですか。

福島瑞穂守護霊　あまり、そういう宗教談義をしすぎると、政治の思想が載《の》らなくなって、本が売れなくなるから、そろそろ、やめません?

小林　いやいや、宗教談義ではありませんよ。要するに、ロシア時代の素性《すじょう》が明かされるのは、今のあなたにとって都合《つごう》が悪いわけですね。

福島瑞穂守護霊　うーん、まあ、何て言うかねえ。それは、城壁《じょうへき》の上から見ていて、ものの哀《あわ》れを感じることはありますよ。やっぱり、「かわいそうだ」と思うことはあるけども、体を使って働くほうが幸福な人も世の中にはいるわけね。私みたいに、頭を使って働くのが幸福な人もいるけれども、大部分は体を使って働くのが幸福なんですよ。あなたみたいな人は、基本的に農奴向きなんですよね。

「今世《こんぜ》の人生」に見られる矛盾《むじゅん》

小林　ところで、人生には「目的」と「使命」があるわけですが、そういう過去世《かこぜ》を送った方が、なぜ、今回のような人生を選択《せんたく》されたのか。非常に興味深いのです。もしかしたら、選択の途中《とちゅう》で道を間違えたのかもしれないのですが、ロシアでそういう経験をされた方が、どうして今のような人生を選択されたのでしょうか。

福島瑞穂守護霊　いやあ。それなら、大川隆法さんも同じ勉強をしてると思うんだけど、何でこんな異端《いたん》になったんでしょうねえ。東大法学部で勉強したら、みんな私みたいになるはずなんですけどねえ。

綾織　「異端」という言い方は違いますよ。

福島瑞穂守護霊　私は、正統な学問を引いてるんですけど……。

小林　いや、「異端」というのは、「あなた自身が異端になった」という意味でしょう。

福島瑞穂守護霊　いや、違う。私は正統ですよ。私は、東大の先生がたの教えを忠実に守って、司法試験にも、ずいぶん時間がかかったけど受かったわけですから。

こちらが異端なんですよ。「法学部の学問のなかに、こういう資本主義の精神みたいのを織り込《こ》んでいく」という考え方自体が異端なんです。

小林　いや、最近、東大法学部の先生がたで、芦部信喜《あしべのぶよし》さんや篠原一《しのはらはじめ》さん（守護霊）など、主だった方の霊をお呼びしてお話を伺《うかが》ったのですけれども（『憲法改正への異次元発想――憲法学者NOW・芦辺信喜　元東大教授の霊言《れいげん》――』『篠原一東大名誉《めいよ》教授「市民の政治学」その後』〔共に幸福実現党刊〕参照）、「実は、基本的に、『統治の学』や『資本主義の精神』が入っていて、統治の側、保守の側の最終の砦《とりで》が自分たちだったのだ」と明確におっしゃっていました。

福島瑞穂守護霊　ふーん。まあ、それは、よく分からないけどねえ……。

小林　そういう意味で、たいへん興味深いのは、「ほぼ、同世代で、同じような経歴を辿《たど》って同じものを学びながら、なぜ、大川隆法総裁と、あなたが、これほど違う人生の経路を送ることになったのか」ということです。

福島瑞穂守護霊　まあ、それは、考えの違いだね。たぶん、この人には欲がいっぱいあって、私は欲が少なかったんだと思うんです。それが違いだと思うんですよ。欲が少ないから弱い人のために働くけども……。

小林　いや、あまり言いたくはないのですが、鳩山《はとやま》政権のときの資産公開で、社民党の党首のあなたは、内閣のなかでは、大ボンボンの鳩山さんの次に資産を持っていました。はっきり言って、これには、みな唖然《あぜん》としましたよ。

福島瑞穂守護霊　天下万民《ばんみん》のために富は必要だったのよ。

小林　「貧しい人のため」と言いながら、弁護士時代に、ずいぶん資産を蓄積《ちくせき》されたようで、その預金額を見て、みな、びっくりしました。そういう方は、資本主義精神に基《もと》づいて生きれば非常に尊敬もされるし、生き方としても分かりやすいのだと思います。ところが、自分は、しこたま儲《もう》けておきながら、そういうことを言うのは、いったい、どういうことなのでしょうか。その理由を知りたいのです。

福島瑞穂守護霊　弁護士と言っても、離婚《りこん》裁判だって相手から金をもぎ取ることだろうし、財産分与《ぶんよ》や遺産相続にしたって、こんなのは、みんな、「いかに金を巻き上げるか。いかに手数料を上乗せして取るか」ということですからねえ。

小林　ああ、巻き上げの論理ですか。そうしますと、あなたが、「従軍慰安婦《じゅうぐんいあんふ》問題」で弁護士を買って出て、いろいろ取り組んだのも、実は国から巻き上げるのが目的だったのですね。

福島瑞穂守護霊　いや、それはちょっと認めるわけにはいかないですけどもねえ。

小林　まあ、この議論は後半のほうでさせていただきますよ。

福島瑞穂守護霊　うーん。

綾織　少々戻りますが、あなたの過去世において、晩年はどんな感じでしたか。「最期《さいご》は襲《おそ》われた」という恐怖《きょうふ》の記憶《きおく》

福島瑞穂守護霊　うん？

小林　ロシア時代ですよ。

綾織　いろいろと搾取をして、何かこう……。

福島瑞穂守護霊　搾取はしてません。みんな、たらふくジャガイモを食べてましたよ。

小林　お城のなかの人はね。

福島瑞穂守護霊　いや、外の人もジャガイモを塩ゆでにして、たらふく食べていましたよ。なかの人はケーキを食べていた。

綾織　あなたは、普通《ふつう》に亡《な》くなったのでしょうか。

福島瑞穂守護霊　うーん。それがよく分からないんですよね。なんか最期《さいご》のほうが、よく分からないんです。はっきりしないんですよ。

綾織　最期に、いろいろなことが起こりませんでしたか。

福島瑞穂守護霊　最期のほうは、はっきり記憶《きおく》がないんですよ。なんか、終わりのほうがよく分からない。

小林　いや、本当はあるんでしょう?

福島瑞穂守護霊　あるのかなあ。だって、よく分からないんですよ。最期のほうは、何となく……。

綾織　すごくつらいことがあったりとかしませんか。

福島瑞穂守護霊　うーん、ときどき、襲《おそ》われたというか、何か奪《うば》いにくる者がいたような気はしますねえ。

綾織　それは反乱のようなものですね?

福島瑞穂守護霊　まあ、よく分からないけど、やっぱり、あるところへ取りにくるのは、どこも〝癖《くせ》〟ですからねえ。

小林　それは、ボリシェビキ（ロシア社会民主労働党の左派）というか、共産党ではなかったのですか。

福島瑞穂守護霊　共産党と結びつけられるのは、あまり好ましくないんですよ。

小林　ああ、そうすると「当たり」ですね。

福島瑞穂守護霊　いや、私は社民党なんですよ。

小林　いや、社会主義者だからいいんですよ。

福島瑞穂守護霊　志位《しい》（和夫《かずお》）さんの妻ではないので……。

社民党の政策に反映されている「過去世《かこぜ》のカルマ」

小林　いずれにしても、「社会主義者の政党というか、いわば赤軍《せきぐん》が、取りにきた、あるいは、襲ってきた」ということについて、今、話しておられるように思います。

福島瑞穂守護霊　ええ。だ、だから、そういうふうにならないよう、早めに、「撒《ま》くぞ、撒くぞ」と言わないと駄目《だめ》なのよぉ。政治というのは、「撒くぞ、撒くぞ」「みんなに均等に撒くぞ」と言わないといけないのよ。

小林　ああ、その恐怖心《きょうふしん》で動いているのですね。

福島瑞穂守護霊　だから、「儲けすぎると襲われるよ」と、やっぱり教えて……。

小林　ああ、自分の恐怖心が、今世《こんぜ》においても、いろいろな考え方の原点になっているわけですか。

福島瑞穂守護霊　だからねえ、「基本的に、嫉妬《しっと》を恐《おそ》れなきゃいけないんだ」ということですよ。

綾織　そういうことですか。

福島瑞穂守護霊　だから、私が弁護士で儲けすぎたとしても、それは、たまたま腕《うで》がよすぎただけなんですよ。つまり、そんな金儲けをしたかったわけじゃなくて、良心に基づいて、たまたま腕がよかったために収入が上がっただけなんですよ。

小林　おさらいしますと、ロシア時代の最期に、資本家階級として襲われた経験があったようなので……。

福島瑞穂守護霊　だって、トルストイみたいに、「財産を投げ出して、出ていって、ふらつく」なんて、ああいう恥《は》ずかしい最期にしたくないですよね。

小林　そのときのトラウマというか、カルマが残っているために、今世、いわば個人的な経験に基づいて、党の政策を動かしているわけですね。

福島瑞穂守護霊　いや。これは学問的正当性に基づいて運営しているんですよ。だから、宮沢俊義《みやざわとしよし》とか、丸山眞男《まるやままさお》とかの学問的正当性に基づいてやってるんです。

小林　まあ、学者の名前はさておき、ロシア時代との関係は、だいたい分かりました。これも、今日の大変なスクープの一つだと思います。

福島瑞穂守護霊　何で、こんなことスクープするの？　全然、スクープじゃないよ。

6 「政策」の奥《おく》にある驚愕《きょうがく》の秘密

「日本人の差別意識」が反日的なスタンスの理由？

綾織　少し気になるのは、ものすごく反日的なスタンスに立たれていることです。それは、どうしてですか。

福島瑞穂守護霊　それは、やっぱりねえ、日本人の差別意識って、すごいんですよ。

綾織　日本人の差別意識？

福島瑞穂守護霊　うん。すっごい差別意識を持っていますからねえ。やっぱり、虐《しいた》げられた人たちを見るにつけても、共感するものがありますよ。何かねえ。うーん……。

綾織　日本が嫌《きら》いですか。

福島瑞穂守護霊　「日本が好きか嫌いか」ですか。

綾織　はい。

福島瑞穂守護霊　「好きか嫌いか」と言われれば、まあ、安倍《あべ》政権下の日本は嫌いです。

綾織　うーん。

福島瑞穂守護霊　うん。これは嫌いです。はっきり言って嫌いです。鳩山《はとやま》さんは、ほんとはいい政治をしたんですけどね。金持ちのボンボンが私財をなげうって民衆を救おうとしたのに、どうして失敗したのかねえ。おかしいねえ……。

小林　今のお話は、少々デリケートなテーマだったのですけれども、福島さんのほうから話を振《ふ》ってくださったので、それに対してお答えするかたちでのご質問をします。「日本人は、非常に差別心が強いように見える」とおっしゃったのですが、これは、「そういう経験があった」ということをおっしゃっているわけですか。

福島瑞穂守護霊　まあ、そういうことで苦しんでる人は、日本に百万人単位でいますからねえ。

小林　うーん。

福島瑞穂守護霊　百万を超《こ》えてるでしょうから。差別を受けた人たちは百万を超えて大勢いるでしょうからねえ。

それで、差別を受けて、「強気で反撃《はんげき》に出るタイプ」の人と、「耐《た》え忍《しの》ぶタイプ」の人と、二種類に分かれてくるんだと思うんですね。

まあ、こういうのを救うのも弁護士としての使命感だし、義務感、責任感なんじゃないかと思うんですけどね。

小林　ええ。その正当性の一端《いったん》は認めるんですけれどもね。

福島瑞穂守護霊　だけど、私は、橋下《はしもと》さんみたいにはならないね。弁護士でも、ああいうふうにはならないんですけど。

「イエスが生まれ変わったようなもの」という自己認識

小林　それで、今回のインタビューのテーマを「そして誰《だれ》もいなくなった」というように付けた趣旨《しゅし》は……。

福島瑞穂守護霊　嫌《いや》な題ね、これ。そんなことない。何人か残ってますから。

綾織　（苦笑）何人か、ですか。

小林　今世《こんぜ》の福島さんの魂修行《たましいしゅぎょう》にとっては、とても大切なことだと思うので、あえて申し上げますけれども、そのように、「虐げられた人々に共感し、『彼らを助けてあげたい』と思って、権力者なり何なりをやっつける」ということには、ある一定段階までは、正当性があると思います。

福島瑞穂守護霊　うーん。

小林　ただ、それをやり続けていった結果、人々を守っていた国そのものを破壊《はかい》し、結果として国民を不幸に陥《おとしい》れることがあるわけです。

福島瑞穂守護霊　まあ、そこまでは分からないけど……。

小林　例えば、カンボジアのポル・ポト政権とか、そのほかにも、いろいろなところで起きたわけなんですけれども。

福島瑞穂守護霊　ポル・ポトと私を一緒《いっしょ》にするなんて、ちょっと、あんた、もう殺してやりたいわ。許せないわ！　私を殺人鬼《さつじんき》扱《あつか》いするわけ？

小林　いやいや、毛沢東《もうたくとう》でもいいんですけれどもね。

福島瑞穂守護霊　毛沢東が殺した証拠《しょうこ》は、集まってないじゃない？　別に出てないから。

小林　だから、あえて今、毛沢東にしたんですけれども。

福島瑞穂守護霊　うんうん。

小林　要するに、今日、お話ししているのは、こういうことです。そうやって虐げられたほうに共感するのは、愛の行為《こうい》だと思いますが、それが度を超して大きくなっていき、権力そのものを破壊し尽《つ》くした場合には、「今度は、自分たちが不幸をつくり出す側に回る」というのが、共産主義や社会主義の歴史だったんですけれども、それが……。

福島瑞穂守護霊　いやあ、あんた、しゃべりすぎよ。口を挟《はさ》めないじゃない！

小林　挟んでください。

福島瑞穂守護霊　もう、舌をちょん切って、しゃべんなさいよ！

小林　いえいえ。それについて、どう思われますか。

福島瑞穂守護霊　私は、仕事では、婚外子《こんがいし》とか、非嫡出子《ひちゃくしゅつし》とか、差別をされてる者を救おうと、一生懸命《いっしょうけんめい》してきたしね。

それから、夫婦《ふうふ》別財産かもしれないけれども、「夫の名義になってたら、自分のものにならないで、あとで損した」っていう女性を助けるようなことを一生懸命やってきたわけです。

そういう、知らないために損をして、弱い立場に置かれた人たちを救う運動をずーっとやったわけだから、自分自身は、ほんとにイエス様が生まれ変わったようなものだと思うんですよ。

小林　それで、何度も「イエス様」という言葉が出るんですね。

福島瑞穂守護霊　うーん。

「ロシア正教」と縁《えん》があるらしい福島党首守護霊

小林　先ほど、綾織が切り出してきたのは、それについてなんですが、キリスト教とのご縁《えん》はありますか。今世においてでもいいし、過去世《かこぜ》においてでもいいんですけれども、今の感じだと、当然、お持ちだと思うのですが。

福島瑞穂守護霊　うん。

小林　そのあたりは、いったい、どういう……。

福島瑞穂守護霊　ロシア正教は、ちょっと入ってるわねえ。

小林　ああ。「今世も、親和性を感じる」といいますか……。

福島瑞穂守護霊　うーん……。まあ、でも、キリスト教にもいろいろあるので、「麻《あそ》生《う》がクリスチャン」とか聞くと、もうほんと、反吐《へど》が出るわ。

小林　ということは、「私こそが真正クリスチャンなのに」という気持ちがあるわけですか。

福島瑞穂守護霊　あれは、クリスチャンじゃなくて、たぶん、イエスを磔《はりつけ》にしたほうでしょう?　どう見ても。

小林　そういう思いが出てくるということは、ご自身に、クリスチャンとしての自己認識があるわけですね。

福島瑞穂守護霊　うーん、私は、『聖書』の言葉に忠実に弱者救済をやってるわけですから、それを政治に生かして、そういう考えで国を動かす。これは、実に正しいことじゃないですか。

たまたま頭がよすぎたために、東大にも行ったしね。

「強い国家」に対する用心

小林　ただ、中国共産党は、そのクリスチャンを何百万の単位で弾圧《だんあつ》しているんですけれども、そういうところは、どのように考えておられるのですか。

福島瑞穂守護霊　弾圧してるんじゃない。庇護《ひご》してるんでしょう？

小林　いやいや。そういう詭弁《きべん》はやめましょうよ。ね？

福島瑞穂守護霊　いや、詭弁でないと、弁護士なんか食っていけないのよ。何を言ってるのよ。

小林　それは分かっていますが、ここは法廷《ほうてい》の場ではありませんから。

福島瑞穂守護霊　うん。

小林　だから、非常に不思議なんです。イエス様の教えを学んで、なぜ今、中国共産党に親和性を感じるのか。なぜ、あのスターリンに親和性を感じるのか。その疑問に答えてほしいのです。

福島瑞穂守護霊　あのねえ、イエスの教えが説かれても、ユダヤの国は滅《ほろ》びて、イエスの信者やユダヤ人は、全世界に散って、千九百年も苦労したわけですよね。だから、弱者のために尽くすことは大事。しかし、強い国家には用心しなきゃいけない。やられるといけない。

まあ、両方あるわね。両方を思わなきゃいけないですよ。

小林　はいはい。

福島瑞穂守護霊　安倍みたいなのは、ほんと怖《こわ》いですよ。

「中国が空母をつくっている」と報道する朝日は右翼《うよく》？

小林　あなたは、「安倍は帝国主義《ていこく》的だ」とか、「アメリカ帝国主義」とかいう言葉をずいぶん使ってこられたと思います。しかし、今、この瞬間《しゅんかん》において、日本の周りで最大の帝国主義は中国なんですけれども、そのことについては、どう思われるのですか。

福島瑞穂守護霊　それは報道が悪いんですよ。マスコミは、全部右翼《うよく》だから、そういうふうな報道を感じる。

小林　朝日新聞が右翼なんですか。

福島瑞穂守護霊　朝日は右翼ですよ。

小林　あ、朝日に裏切られた？

福島瑞穂守護霊　ええ？　テレビ朝日も朝日新聞も、みんな右翼ですよ、私から見たら、あんなのは、右翼ですよ。

だって、「中国が空母をつくってる」とか、「中国が、フィリピンを占領《せんりょう》しようとしてる」とか、「中国がパラオ諸島を取りに行こうとしてる」とか、あんな事実に基《もと》づかないことを平気で言うのは、絶対、右翼ですよ。

小林　そうやって、違《ちが》うように見えることが、「そして誰もいなくなった」ということになるわけです。

福島瑞穂守護霊　うーん。

小林　朝日もいなくなった。テレビ朝日もいなくなった。

福島瑞穂守護霊　朝日は右翼でしょ？　当然、右翼ですよ。

綾織　あの……。

福島瑞穂守護霊　産経なんて、右翼じゃなくて、これはナチですよ。ナチス党ですよ

（会場笑）。

綾織　（苦笑）そう言うと思いましたけれども（綾織は元産経新聞記者）。

「北朝鮮《きたちょうせん》全体は左翼《さよく》で、その指導者は右翼的」という見方

綾織　北朝鮮《きたちょうせん》みたいな国については、どう思われますか。

福島瑞穂守護霊　まあ、北朝鮮には、右翼《うよく》的なところと左翼的なところの両方があるわね。

綾織　はいはい。

小林　いや、ごまかさないで……。

福島瑞穂守護霊　国家全体としては左翼ですよ。しかし、指導者は、やや右翼的な考え方を持っている。

小林　金正恩《キムジョンウン》の前の、金正日《キムジョンイル》の生誕祝賀式典に、日朝国交正常化推進議員連盟の顧問《こもん》として出席されましたよね？

福島瑞穂守護霊　あんた、ほんと、うるさい男ねえ。

小林　だから、どういう考え方に基づいて……。

福島瑞穂守護霊　そういう過去をあげつらう男って、嫌われるのよ、あなた。

小林　ということは、「北朝鮮政策に関して、今は考え方を変えた」ということですか。つまり、何を申し上げているかというと……。

福島瑞穂守護霊　男は、さっぱりしなきゃいけない。

小林　いやいや。

北朝鮮《きたちょうせん》のミサイル打ち上げは「米をくれ」という意味？

小林　いいですか。二〇〇九年に、北朝鮮《きたちょうせん》からミサイルが飛んできて、幸福実現党が立党したときに、あなたは、「何で撃《う》ち落とそうとしたのか。もし、人工衛星だったら、どうするんですか」と、国会の審議《しんぎ》で言ったんですよ。

だから、私は、そのことを問うているのです。「北朝鮮に対する態度は、四年前と同じなのですか、変わったのですか」という問いはとても大事なので、答えてほしいのです。

福島瑞穂守護霊　それはねえ、ミサイルの意味が違うんですわ。

あれは、ミサイルを打ち上げて、「米をくれ」と言ってるんだ。一本打ち上げたら「米を十万トンくれ」、二本打ち上げたら「二十万トンくれ」、五本打ったら「五十万トンくれ」と要求してるわけで、一本十万トンなんですよ。

小林　要するに、あなたは、「恐喝《きょうかつ》に乗れ」ということを主張しているわけですね。

福島瑞穂守護霊　彼らは今、ＳＯＳの信号をパーッと上げてるわけですよ。ＳＯＳの信号を上げたことに気づいてほしい。でも、プライドがあるから、それを言い出せない。

だから、「打った本数を見て、短距離《たんきょり》ミサイルだったら、『一本十万トンだ』と思ってください。中距離だったら、『一本五十万トンぐらいだ』と思ってください」と言ってる。

また、核《かく》ミサイルを撃つときは、「百万トンの米が欲《ほ》しい」と言ってるわけですね。

小林　分かりました。

北朝鮮《きたちょうせん》による「日本人拉致《らち》」に正当な理由がある？

小林　シンプルな質問に戻《もど》します。

福島瑞穂守護霊　はい。

小林　今の北朝鮮《きたちょうせん》の政府に関して、是《ぜ》としますか、非としますか。

福島瑞穂守護霊　まあ、資料が十分ないから、何とも言えません。（金正恩には）若いのに頑張《がんば》ってるところもある……。

小林　いや、政治家なので、結論をスパッと言っていただきたいのですが、今の北朝鮮という国家に対して、是ですか、非ですか。

福島瑞穂守護霊　うーん……。

小林　あるいは、今、あの国が国民に対して飢《う》えをもたらし、何十万もの人を強制収容所に入れていることに関して、是ですか、非ですか。日本人を拉致《らち》していることに関して、是ですか、非ですか。ぜひ、お答えいただきたいのですが。

福島瑞穂守護霊　あんた、口がうるさいから、舌を半分に切って、もう一回、出てきなさい！

小林　だから、今、質問を短くしているではないですか。

福島瑞穂守護霊　うーん。

小林　それで、こうやって、お答えいただける時間をつくっているわけです。

福島瑞穂守護霊　三つも言ったら、答えられないじゃないですか（会場笑）。

小林　では、訊《き》きます。

日本人を拉致していることに関して、向こうの最高責任者が認めたのですが、そのことについては、どう思いますか。

福島瑞穂守護霊　理由は？　それは理由によるよ。

小林　理由によっては拉致してもいいと？

福島瑞穂守護霊　それはそうでしょう？

小林　あ、そうですか。

福島瑞穂守護霊　それは理由によるでしょう。拉致にも理由があるでしょう？

小林　漁船に十人乗っていて、一人の若い男以外は縛《しば》り付け、一人だけを拉致して、残り九人は船を沈《しず》めて殺したんですけれども。

福島瑞穂守護霊　うん。

小林　それにも正当性があると？

福島瑞穂守護霊　若い人を連れていったんでしょう？

小林　ええ。

福島瑞穂守護霊　何か理由はあるんじゃないですか。

小林　その理由によっては正当性があると?

福島瑞穂守護霊　それは、日本語教師が欲しかったんじゃないですか。

小林　日本語教師が欲しければ、拉致したり、殺したりしてもいいと?

福島瑞穂守護霊　だって、正当にじゃ、日本語教師は来てくれないじゃないですか。だから、「日本語を勉強したい」という善意から、そういう余ってる人を連れて帰って、日本語教師にしてあげた。つまり、北朝鮮で漁師から日本語教師というインテリ階級にしてあげた。彼は、身分が上がったんですよね?

綾織　スパイや工作員を養成するために、日本語教師を連れてくるわけですよね。

福島瑞穂守護霊　だから、理由によるわけですよ、理由に。

綾織　それは、いいんですか。許されるんですか。

福島瑞穂守護霊　銀行強盗《ごうとう》の人質《ひとじち》みたいなのだったら、ちょっと問題があるかもしれないけど、そういう「日本語教師として使いたい」というのは、〝立派な志〟だと思いますけど……。

小林　「日本語教師で使いたいのであれば、拉致してもいい」ということですね？

福島瑞穂守護霊　日本料理を食べたいから、日本料理をつくる料理人を連れてきた。これは、〝立派な心《こころ》掛《が》け〟ですから。

小林　ああ、分かりました。

福島瑞穂守護霊　「日本料理を北朝鮮に広げる」っていうのは、〝立派な志〟ですよね。

小林　この霊言《れいげん》は、ぜひ出版して、社民党のフレンド層に広くお伝えしたいと思います。

福島瑞穂守護霊　文化交流ですから。日本文化が北朝鮮に広がって、お互《たが》いに理解し合えるようになるじゃないですか。

民間外交官として、彼らは招待されたわけですよ。

小林　ありがとうございます。

「自衛隊は即廃止《そくはいし》！」という主張と、中国との秘密協定

綾織　国防のところなんですけれども。

福島瑞穂守護霊　うーん。

綾織　税金など、経済のところは、ある程度、分かったのですが、日本の国防体制についてては、どのようにやっていこうと考えていますか。

福島瑞穂守護霊　いや、ああいう無駄《むだ》な金は使うべきではない。

綾織　無駄？

福島瑞穂守護霊　もう、自衛隊を廃止《はいし》！

綾織　廃止？

福島瑞穂守護霊　即《そく》廃止して、もうスクラップにして、鉄にして売ったほうがいいですよ。そうしたら、アジアで売れるからね。東南アジアでスクラップにしたら？

綾織　はいはい。そのあとは、外国の軍隊が入ってきますよね。それで、どうなりますか。

福島瑞穂守護霊　こんな平和な国には入りませんよ。入ったら住まわせてあげますけども。

綾織　ほう。

小林　自分が非武装になっておいて、武装してやってきた人を住まわせてあげるわけですね？

福島瑞穂守護霊　そらあ、私たちは管理職になりますから、占領されても大丈夫《だいじょうぶ》です。

綾織　なるほど。

小林　それ以外の人が殺されることは、基本的に構わないと？

福島瑞穂守護霊　私たちが、内閣を組織するようになるんですから、大丈夫ですよ。だから、そらあ、反対してた人たちは、みんな、刑務所《けいむしょ》に行っていますよ。みんな、収容所に入れられる。たぶん、北海道あたりの雪のなかに収容所をつくって、安倍さん以下は、全員、放り込まれるけども、私たちは、日本語をしゃべれるから、永田町《ながたちょう》の国会議事堂のなかでちゃんと政治をやってますよ。

小林　つまり、そういう裏約束が、すでに中国とできているわけですね？

福島瑞穂守護霊　当然でしょう。

小林　当然ですか。うーん。

福島瑞穂守護霊　だって、彼らが直接支配できるわけないじゃない？　やっぱり、中国人は日本を支配できないから、日本人を通して支配するに決まってるじゃない？

小林　「そのときの支配側になってくれ」と言われているのですか。

福島瑞穂守護霊　うん。そのときには、私たちとか、志位《しい》さんとか、そういう人たちが内閣をつくって、歩き回ってます。

小林　そのようになるわけですか。もう、その秘密協定ができているわけですね？

福島瑞穂守護霊　安倍さんは、そりゃあ、雪のなかで埋《う》もれて、「俺《おれ》を出してくれえ！」って言うに決まってる。

小林　うーん、分かりました。

綾織　そこで、社民党と共産党は、一緒になれるわけですね？

福島瑞穂守護霊　うん、なれますよ。もとは一緒だから。

綾織　なるほど。

福島瑞穂守護霊　もとは一緒なんですから。まあ、向こうは、もともとの思想をちょっと徹底《てってい》してるだけですからね。

まあ、あれ（中国）は、「働かんでも、欲しいだけ取ってもいい」という国ですから、考えは共産党でしょ？　私たちは、いちおう、「欲しいだけ取ってもいい」とは言わず、「ある程度、働きに応じて取る」というところで止まってるだけですから。

「反原発」の本当の目的は「中国による日本支配」？

綾織　原発についても、社民党は、かなり強硬《きょうこう》に反対していますよね。

福島瑞穂守護霊　原発なんか、絶対にやめるべきですよ。

綾織　その理由は？

福島瑞穂守護霊　原発なんかあったらねえ、もう二、三年もしたら、日本に核ミサイルをつくられちゃうから。

綾織　日本に（苦笑）。

小林　それが、実は、本当の理由なんですね。

福島瑞穂守護霊　そうですよ。当たり前ですよ。

小林　分かった、分かった。

福島瑞穂守護霊　もう、プルトニウムが、あんなに余ってるんだから、いつでもつくれるさ。

小林　高速増殖炉《ぞうしょくろ》のもんじゅに、社民党があれだけ反対したのは、実は中国から頼《たの》まれていたからでしょう?

福島瑞穂守護霊　そんなの、当ったり前ですよ。

小林　「当ったり前」ですか。

福島瑞穂守護霊　あんなの、日本の技術をもってしたら、三年もかからないに決まってるじゃないですか。絶対、二、三年でできちゃいますよ。

小林　いや、本当は一年でできるんですけどね。

福島瑞穂守護霊　一年でできるかもしれないけど、そうしたら、日本を占領できないし、脅《おど》せないじゃないですか。

小林　そうそう。占領できないからですね。

福島瑞穂守護霊　日本を〝いい国〟にできないんですよ。

小林　ああ。それを頼まれて、もんじゅを何がなんでも潰《つぶ》そうとしたわけですか。

福島瑞穂守護霊　向こうは、核兵器を持ってる。日本は持ってない。これでは、戦いにならないじゃないですか。ここに平和が訪《おとず》れるわけですよ。圧倒《あっとう》的な武力の差があれば、もう戦いが起きない。実際上、戦争が起きないで、日本は平和な状態のままで、支配権が変わるだけですから。

小林　それが「反原発」の理由ですか。

福島瑞穂守護霊　でも、支配するのは中国人じゃないです。私たちですから、日本人なんです。

小林　要するに、中国の代理人として、日本の国を支配するために、「反原発」を支持したわけですね?

福島瑞穂守護霊　そうそう。左翼が日本を支配するために、今、中国が応援《おうえん》してくれてるわけですから。私たちが内応《ないおう》するためには、原子力を廃止する。

小林　分かりました。

福島瑞穂守護霊　徹底的に日本から追い出す。

小林　中国を導き入れるために、実は反原発運動をしているのであって、「『エネルギー問題』や『環境《かんきょう》問題』について言っているわけではないんだ」ということですね。

福島瑞穂守護霊　いやあ、エネルギーは要《い》りますけどね。何かは要りますけどね。確かに、ないとやっていけませんから、要りますけど、原子力である必要は全然ありません。

小林　要するに、「原子力だと、核の問題ということで、中国との関係でまずいのでやめてくれ」と？

福島瑞穂守護霊　日本から原子力を追い出したら、七十年、昔帰りするわけですよ。要するに、日本は七十年前に戻るわけで、戦中、戦前に戻るわけですよ。そうしたら、中国が優位に立てますから、いいんですよ。

他党にも入っている「中国の影響《えいきょう》」

小林　軍事専門家の間では、「中国が高速増殖炉もんじゅのプルトニウムを、実は、いちばん怖がっている」というのが常識なんです。だから、そこを潰すために、あなたに頼んで、いろいろなことをやってきたわけですね。

福島瑞穂守護霊　私だけじゃありませんよ。左翼は、みんなそうですよ。

小林　ええ。共産党もそうですし、もっとはっきり言えば、民主党もそうですね。

福島瑞穂守護霊　うーん。そりゃそうですよ。民主党にも、そうとう入ってる。全員じゃないでしょうが、そうとう入ってるでしょう。自民党にだって入ってるんですから。

小林　それはよく存じ上げていますよ。

福島瑞穂守護霊　当たり前ですよ。自民党にだって、もういっぱい入ってきてる。

小林　自民党もけしからんですね。

福島瑞穂守護霊　公明党にだって、もう、いっぱい……。

小林　いや、公明党は、丸ごとそうだと思いますけれども。

福島瑞穂守護霊　丸ごと、勲章《くんしょう》をもらうために、何でも約束してますよ。

小林　はい。

「日本の無血開城」で英雄《えいゆう》になれる？

福島瑞穂守護霊　だから、日本の多数は中国の言うとおりにやってるわけで、安倍さんたちのような、ああいう一部のタカ派の変な〝遺伝子変異〟を起こした人たちと、あんたがたのようなネオナチみたいなのだけが、反対してるんじゃないですか。

小林　ネオナチではありません（笑）。

福島瑞穂守護霊　だから、一議席も取れないでいる。国民は正しい判断をしてるし、マスコミも正しい判断をしてるんじゃないですか。

小林　いえいえ。

要するに、チベットやウイグルの立場に立って主張しているから、そうなっているわけですよ。

福島瑞穂守護霊　いやあ、あんたがたは、チベットやウイグルと違いますよ。あなたがたは、核ミサイルをつくって、中国に撃ち込もうとしてるわけですから。

小林　いや、そんなことは言っていませんよ。

綾織　撃ち込むわけではありません。

福島瑞穂守護霊　ええ？　中国や北朝鮮に撃ち込もうとしてるに決まってるんですから、絶対、許せません。

小林　でも、よく分かりました。ありがとうございます。要するに、「反原発の本質が、実はそこにあった」ということですね。

福島瑞穂守護霊　もちろんですよ。

小林　「もちろん」ですね。ありがとうございます。

福島瑞穂守護霊　「核戦争を止《と》める」ということは、もう、地球的大義ですから。

小林　（苦笑）ありがとうございました。

福島瑞穂守護霊　ない者は戦えないですから。

小林　要するに、「中国の軍事政策の一環だった」ということです。

福島瑞穂守護霊　（核を）持ってる者が勝ちなので、もう戦わずして、江戸《えど》無血開城です。勝海舟《かつかいしゅう》とかは、無血開城してほめられてるわけですから、いいじゃないですか。無血開城したって、英雄《えいゆう》になれるんですから。

「北京《ペキン》語をアジアの標準語にする」のが習近平《しゅうきんぺい》の狙《ねら》い

綾織　そのあと、中国が入ってきたら、もう、全然違う世界になるわけですよね。

福島瑞穂守護霊　まあ、中国が入ってきたら、日本語教室を開いて食べていったらいいんですよ。

綾織　大企業《きぎょう》がなくなっていって、強制収容所があるでしょうね。

福島瑞穂守護霊　大企業があったら、中国は困るじゃないですか。

綾織　はいはい。そういう国になっていくわけですけれども、そのときの教育は、どんな感じになりますか。

福島瑞穂守護霊　まあ、九割は中国語にしなきゃいけないでしょうね。でも、一割は日本語が残るでしょう。そうしないと、やっぱり無理なところがありますから、日本語も、今のアイヌの言語みたいに残さなきゃいけないとは思いますね。北京《ペキン》語でいいんじゃないですか。そうなったら、アジアが一つになりますよ。

だから、今、習近平《しゅうきんぺい》がやろうとしているのは、軍事的占領じゃないんですよ。北京語をアジアの共通語にしようとして、今、運動をやってるんです。アジア全体で北京語が通れば、環太平洋圏《けん》では、英語に替《か》わって北京語が標準語として通用する。

小林　それを是とするわけですね。

福島瑞穂守護霊　北京放送が、世界の〝ＮＨＫ〟になるわけですよ。

小林　ああ、それがすごいと？

福島瑞穂守護霊　うーん。

7 「神道《しんとう》」に対する根深い恨《うら》み

神功皇后《じんぐう》に攻《せ》められた魂《たましい》の記憶《きおく》

小林　少しお訊《き》きしたいことがあるのですが、今回の社民党のマニフェストには、「ゆとりの教育」と書いてあります。

福島瑞穂守護霊　うん、うん。

小林　非常に不思議なのは、戦後の日本において、「刻苦勉励《こっくべんれい》して努力する」という、自助努力型の知識教育、つまり、ゆとりではない教育の恩恵《おんけい》を最大に被《こうむ》って出世をし、利益を得て、社会に出てきたあなたが、なぜ、そういうことをおっしゃるのですか。

福島瑞穂守護霊　あのねえ、（手元の資料を見て）私の出生地が宮崎《みやざき》県延岡《のべおか》市と書いてあるけど、高千穂《たかちほ》のほうなんです。あのへんが「日本神道《しんとう》の中心」とか言われると、本当に、すごく腹が立つのよ。あんなところに住んでたのは、原始人しかありえないですよ。そんな、「原始人が、神々で偉大《いだい》だった」なんて、倒錯《とうさく》したことを教育するのは間違《まちが》いですよ。

小林　何か、日本神道に対する恨《うら》みが……。

福島瑞穂守護霊　あって、あって。あって、あってだよ。

小林　なぜですか。

福島瑞穂守護霊　ええ？

小林　過去に、何か理由があるのでしょうか。

福島瑞穂守護霊　もう許せないですよねえ。

小林　何が許せないのですか。

福島瑞穂守護霊　許せないというか、何回攻《せ》めてきたと思ってるんだ、ほんっとに。

小林　あ、攻められたのですね。どこにいたときに攻められたのですか。

福島瑞穂守護霊　ええ？　そらあ、朝鮮《ちょうせん》半島よ。

小林　ああ。それは、いつのときでしょうか。

福島瑞穂守護霊　あの、お腹《なか》の大きい皇后が攻めてきたんだ。

小林・綾織　神功《じんぐう》皇后？

福島瑞穂守護霊　うーん。あれ……。

小林　では、やはり、神功皇后の話は事実だったわけですね。

福島瑞穂守護霊　うーん。お腹の大きいのが来た。

「三韓征伐《さんかんせいばつ》」の時代に男性として生まれ、日本に敗れた

小林　あなたご自身は、どういう立場にいらっしゃったのですか。

福島瑞穂守護霊　ええ？　殺されたわよ。何言ってんの。

小林　いや、殺されたときは、どういう立場にいらっしゃったのでしょうか。

福島瑞穂守護霊　あの〝倭寇《わこう》〟めが、本当に。

小林　それで、あなたは、どういう立場にいらっしゃったのですか。

福島瑞穂守護霊　私がどういう立場かって、ほら、あのー……。男かな。

小林　いや、それはどちらでも構わないのですが、男として……。

福島瑞穂守護霊　男はまずい。男はまずい。男はまずい。

綾織　男として戦ったわけですね。

福島瑞穂守護霊　男はまずい。まあ、なんか知らんけど、戦った覚えはある。

小林　男性でも女性でも、どちらでも構いませんが、武将だったのでしょうか。それとも国王とかですか。

福島瑞穂守護霊　いや、日本史では、意外と、「日本が朝鮮を侵略《しんりゃく》しようとして負けた」みたいになってるけど、負けてないの。あのとき、日本は勝ってるのよ。

小林　ええ。実は、勝っているんですよね。

福島瑞穂守護霊　勝ってるから、私はやられちゃったのよ。

小林　だから、その歴史を書き換《か》えたかったたんですね。

福島瑞穂守護霊　「三韓征伐《さんかんせいばつ》」という言い方はないでしょ？　ちょっと、もう一回、歴史認識を改めていただきたい。「三韓征伐」って、何ていう言葉を使うんですか。それでは、まるで、「ヒトラーはユダヤ人を昇天《しょうてん》させてやった」というような言い方と同じですよ。ええ？

小林　征伐かどうかはともかくとして、要するに、あのときは日本が勝ち、あなたは負けたんですよね。

福島瑞穂守護霊　負けた。

小林　そのときのあなたは何だったのですか。国王や大臣ですか。

福島瑞穂守護霊　いや、私は今、女性だから、それを言うわけにはいかない。

小林　言えませんか。女性の国王でもいいですよ。

福島瑞穂守護霊　いや、キリスト教だから、転生輪廻《てんしょうりんね》はない。

小林　いえいえ（苦笑）、いいじゃないですか。ここまできたんだから、今さら、そんなことはないでしょう（会場笑）。

福島瑞穂守護霊　まあ、いやあ、それは……。

小林　ここまできて、それはないですよ。ねえ？

福島瑞穂守護霊　いや、植えつけられた記憶《きおく》かもしれないから、分からない。

小林　では、植えつけられた記憶かもしれなくても結構ですから。

福島瑞穂守護霊　もしかしたら、ここは精神病院で、いろいろ洗脳する洗脳機械か、何かがあるかもしれないなあ。

小林　ここは、世界で最も聖なる場所であり、潜在《せんざい》意識がいちばん表に出てきやすい場所なので、素直《すなお》に語っていただければ、それが全部事実です。

さらし首にされた悔《くや》しさから「今世《こんぜ》は日本を征伐《せいばつ》したい」

福島瑞穂守護霊　ただ、あの神功皇后っていうのは、けしからんですな。あいつは許せんわ。だから、私も女性として、今回、あのくらいやりたい感じはするんですよ。

小林　そういうことなのですか。

福島瑞穂守護霊　日本を征伐《せいばつ》したい気持ちがある。

小林　ああ、それを願っているのですね。

福島瑞穂守護霊　うん。女性で、槍《やり》を振《ふ》って、日本を征伐したいな。安倍《あべ》のお腹をブスーッと刺《さ》してやりたい。安倍の腸を貫《つらぬ》いて、もう、二度とご飯が食べれないようにしてやりたい。

小林　なるほど。すごくよく分かりました。
話を戻《もど》しますが、国王だったのですか。

福島瑞穂守護霊　いや、それは何とも言えません。それについては言えないけども、まあ、とにかく、首を挙げられた悔《くや》しさがある。

小林　ああ、首を取られたのですね。分かりました。

福島瑞穂守護霊　うん。首を挙げられて、さらしよった。

小林　さらし首にされたと？

福島瑞穂守護霊　もう許せん。許せんなあ。

小林　この話に深入りすると、時間をとってしまうので……。

福島瑞穂守護霊　私は男性じゃないです。女性です。

小林　分かりました。そのことは認めます。
深入りすると、少し時間がかかってしまうので、これ以上、言いませんが、ただ、攻められたには攻められたなりの理由が、実はあるんですけどね。

福島瑞穂守護霊　うん。

小林　今日は議題が幾《いく》つもあるので、その件は、これ以上は結構です。

福島瑞穂守護霊　あれは反省してほしい。やっぱり、歴史認識は、神功皇后まで、ちゃんと遡《さかのぼ》ってほしい。

小林　遡ったら、日本が攻めざるをえなかった理由も、外交関係も、全部明らかになってしまいますよ。

福島瑞穂守護霊　百済《くだら》という植民地を持っていて、さらにそれを足場にして、ほかのところまで攻め取ろうなんていうのは、〝侵略国家日本〟ですよ。許すまじき侵略国家です。

小林　でも、その背景として、いろいろと裏で陰謀《いんぼう》を働かせていたわけでしょう？　ただ、その件について話し出すと時間が長くなってしまうので、今日は結構です。

福島瑞穂守護霊　まあ、いいですよ。

「幸福の科学」と「日本神道《しんとう》」の関係に対する執拗《しつよう》な疑い

福島瑞穂守護霊　日本は、放っておくと、軍隊を持ったら絶対に侵略する。それを経験的に知ってるから、日本の防衛省だとか国防軍だとか、「憲法九条を改正して、何でもできるようにする。ミサイルもつくれる」とか、こういうことは、絶対に許せないんですよ。日本は絶対にやるから。

小林　つまり、今回、二十一世紀の、この運動のなかで、いわゆる国家神道《しんとう》系が主導権を取るのではなく、幸福の科学がこの国のバックアップ、後ろ盾《だて》になっているのは、結局、そういうことなんです。「そういう心配がなくなる」ということなんですよ。

福島瑞穂守護霊　怪《あや》しい。幸福の科学はダミーかもしれない。

小林　いえいえ。そういうことなんですよ。

福島瑞穂守護霊　これは、ダミーで、日本の本質は日本神道かもしれない。

小林　イエスが指導し、仏陀《ぶっだ》が指導し、そういう宗教を背骨として運動しているのが幸福の科学なんです。

福島瑞穂守護霊　いや、ダミーかも。イエスも仏陀もダミーで、実は、その後ろが日本神道かもしれない。

小林　つまり、少なくとも、今の話で……。

福島瑞穂守護霊　この前、高千穂に行ったでしょ？（二〇一三年五月二十六日、延岡支部精舎《しょうじゃ》にて「政治の根源にあるもの」を説法《せっぽう》）え？　これが本質だろ？

小林　話をそらさないでください。いいですか。質問者は私なんです。

福島瑞穂守護霊　ああ、そうか。

仏教やキリスト教を認める理由

小林　つまり、何を申し上げているかというと、今の議論のなかで、少なくとも、「イエスや仏陀が指導しているところであれば、そういった侵略行為《こうい》は起きない」ということは認めているわけですね？

福島瑞穂守護霊　仏陀だったらいいですよ。私は、仏陀なら認めますよ。

小林　仏陀は認めるんですね。

福島瑞穂守護霊　仏陀だったら、この国は完全に滅《ほろ》びるから。

小林　昔の仏陀は、そうかもしれませんが、今、私たちを指導している仏陀は違いますよ。

福島瑞穂守護霊　いえ、そうですよ。もう全然戦いませんから、殺されるだけですよ。

小林　イエスも指導していますが。

福島瑞穂守護霊　イエスも負けるほうですから、いいですよ。

小林　ああ。

福島瑞穂守護霊　うん、それはいい。キリスト教も、仏教もいいです。ただ、日本神道だけはいけない。

小林　それは、よく分かりました。

福島瑞穂守護霊　安倍は、間違いなく神道系でしょう?

小林　それは分かっています。要するに、そこに疑いの根っこがあることは分かりました。

福島瑞穂守護霊　うん。

小林　また、キリスト教の解釈《かいしゃく》についても、「そういう解釈をされているのだな」ということが分かりました。

仏陀《ぶっだ》は「国の安全保障」について無関心？

綾織　今日のテーマは、「そして誰《だれ》もいなくなった」ですが……（笑）。

福島瑞穂守護霊　産経新聞なんて、どうせ日本神道系ですよ。

綾織　はい。そうだと思います。

福島瑞穂守護霊　どうせ、日本神道系の荒《あら》ぶる神々がつくった……。

綾織　荒ぶる神だけかは分かりませんけれどもね。

小林　記録に遺《のこ》るので、一言、申し上げておきますが、幸福の科学は日本神道系の運動ではありません。

福島瑞穂守護霊　ほんとかね。

小林　エル・カンターレは、世界宗教を目指していて……。

福島瑞穂守護霊　なーに言ってんの。きっと、また、中国と朝鮮半島に鳥居《とりい》を建てて回るんでしょう。

小林　いえいえ。あっ、その認識なんですね！

福島瑞穂守護霊　ええ。

小林　それは、少しひどいですよ。

福島瑞穂守護霊　建てるんじゃない？

小林　あなたの日本神道への認識は、あのレベルでとどまっているんですね。それは、社民党党首として、少し考え方を改めていただかないとまずいですよ。

福島瑞穂守護霊　でも、「イエスの指導が入ってる」って？　信じられない。信じられない。信じられないね。

小林　むしろ、そういうガチガチの狭《せま》い考えの国家神道系の国家であれば、仏陀《ぶっだ》は、この国に再誕していませんよ。

福島瑞穂守護霊　仏陀にしては、何か、「核《かく》武装を許す」みたいなことを言ってるらしいじゃない。まあ、弟子《でし》の暴走かもしらんけども、仏陀だったら絶対に言わない。仏陀は、核ミサイルを撃《う》ち込《こ》まれても、絶対に、「私は何もしません」って言うと思うよ。

小林　ただ、エル・カンターレの魂《たましい》のなかには、ヘルメスという神もいらっしゃいます。要するに、国際的な情勢のなかで、国の安全保障についても、いろいろと考えなくてはいけないのです。

福島瑞穂守護霊　そのへんは、もう、ミニ宗教の勝手な議論だから知らないわよ！

8 すべてを「破壊《はかい》」に導く思想

もしも、社民党と共産党だけが残ったら？

綾織　今日は、「そして誰《だれ》もいなくなった」というテーマなのですが……。

福島瑞穂守護霊　そうね。あなたがたの信者が一人もいなくなるのよ。

綾織　あなたの考えている国……。

福島瑞穂守護霊　あなたがたは、まもなく、〝北海道のサイロ〟のなかに閉じ込《こ》められる。完全なる思想犯だから。「ザ・リバティ」の編集長が生き残れるわけないでしょ？

綾織　私は、最後まで戦います。

福島瑞穂守護霊　絶対、〝サイロ〟のなかへ、牛の餌《えさ》とともに、放り込まれるんだ。

綾織　（苦笑）

小林　それは、中国の公安警察と同じような発言ですね。

福島瑞穂守護霊　うん。そういえば、よく似てるね。

小林　ええ。

福島瑞穂守護霊　うんうん。それは、そうだね。

小林　そういうことですね。

福島瑞穂守護霊　発想が似てるのよ。

綾織　あなたの考えている国で、「残る人」というのは、誰ですか。

福島瑞穂守護霊　ん？　何？　何？　私の考えてる国って、どこ？

綾織　あなたの考えている国では、誰もいなくなっていくんですけれども、「最後に残る人たち」というのは、どういう人ですか。

福島瑞穂守護霊　いや、私が総理大臣になるんでしょうよ。

綾織　はいはい。それ以外は？

福島瑞穂守護霊　うん？　勢力が、また回復してくるわけですから、民主党や共産党や、そういう、ほかのところの左翼陣営《さよくじんえい》から……。

小林　ただ、共産党も勢力を回復してきたら、どうされます？

福島瑞穂守護霊　まあ、安倍《あべ》がきついから、その批判をしてるだけで、ちょっと増えてるから……。

小林　いえいえいえ。もし、あなたが政権を取るなり、左翼が政権を取るなりして、あなたのところと、共産党の両方が残ったら、どうしますか。

福島瑞穂守護霊　共産党に主導権を持たすわけにはいかん。

あそこは、自分たちが主導権を持ったら、自衛隊を共産党軍にして、〝異端《いたん》〟を粛《しゅく》清《せい》するからね。うちが粛清される恐《おそ》れがあるから、それは、ちょっと、まずい。

小林　つまり、「内ゲバ」が起きるわけですね。

福島瑞穂守護霊　だから、うちのほうが大きくなければいけない。

小林　ああ。

福島瑞穂守護霊　元の社会党ぐらいの規模は欲《ほ》しいね。

小林　要するに、「権力の側に回ったら、今度は、内部粛清が始まる」ということですね。

福島瑞穂守護霊　当たり前ですよ。

小林　「当たり前」ですね。分かりました。

福島瑞穂守護霊　私たちはねえ、日本共産党みたいに、嘘《うそ》はついてませんよ。志位《しい》さんは、もう、「お墨付《すみつ》きの嘘つき」ですから。

小林　それは、よく分かっています。

福島瑞穂守護霊　あれは、すごいですよ。何が、平和主義ですか！　共産党なんて、軍隊の塊《かたまり》じゃないですか！　自衛隊が日本共産軍になるに決まってるじゃないですか。

綾織　最後に、あなたたちが残って、また内ゲバを起こし、内乱のようになって、凄《せい》惨《さん》な国になっていくというのが、あなたが考えている国ですよね。

福島瑞穂守護霊　私には、優《やさ》しさがあるからね。

小林　はあ。

福島瑞穂守護霊　共産党と違《ちが》って、私には、優しさがあるから。

小林　歴史の教訓からすると、共産党と社民党が残ったら、最後に粛清されるのは、社民党のほうなんです。軍事力を持っていない社民党のほうが粛清されるんですよ。

福島瑞穂守護霊　でも、自民党を殺したら十分な数になるし、もう、〝サイロ〟のなかは、人がいっぱいになるでしょう。もう十分です。

小林　いずれにしても、「最後は内ゲバが起きる」ということですね。

福島瑞穂守護霊　とにかく思想犯は排除《はいじょ》しなきゃいけませんねえ。

小林　ああ、「思想の自由」は認めないと？

福島瑞穂守護霊　うん。だから、自民党でも、まあ、こちらへ帰依《きえ》してくる者や寄ってくる者はあると思うんですよね。

もうすぐアメリカは「中国の奴隷《どれい》」になるのか

福島瑞穂守護霊　やっぱり、「今、中国と握手《あくしゅ》しない」っていうのは、もう、時代遅《おく》れですよ。世界の情勢を認識できてないですよ。

アメリカが、もうすぐ、中国の奴隷《どれい》になろうとしてるんですから。

習近平《しゅうきんぺい》は、オバマさんに鎖《くさり》をつけて、自分の家の奴隷として使ってやろうとしてるぐらいなんですから。

小林　中国の経済成長は、そろそろ止《と》まろうとしているんですけれどもね。

福島瑞穂守護霊　それは勘違《かんちが》いでしょう。あの人口と土地を見てよ。そんなことは、全然、ありえないですよ。

小林　ああ、そうですか。三年後、どうなっているか賭《か》けますか。

福島瑞穂守護霊　ええ？

小林　私、自信がありますよ。

福島瑞穂守護霊　あの会談で、オバマさんを見たときの習近平は、「おまえを、わが家の奴隷で使ってやろうか」と、しっかりと睨《にら》んだんですよ。

小林　ああ、まあ、まあ。

沖縄《おきなわ》の新聞だけを「やや左翼《さよく》」と認定

綾織　あなたが考える「自由」とは、どういうものですか。

福島瑞穂守護霊　私が考える自由っていうのは、ナチスみたいな不逞《ふてい》の輩《やから》や、「三《さん》韓征伐《かんせいばつ》」とか称《しょう》する神功《じんぐう》皇后みたいな侵略《しんりゃく》者たちを、この国から徹底《てってい》的に排除して、〝平和な人たち〟で、この国を満たすことですよ。

綾織　朝日新聞も排除されるわけですね？

福島瑞穂守護霊　朝日は右翼《うよく》だからねえ。

綾織　（笑）

福島瑞穂守護霊　朝日には、一部、良識のある左翼がいるけども……。

小林　ちなみに、毎日新聞はどうですか。

福島瑞穂守護霊　あれも、右翼ですよ。

小林　東京新聞は、どうですか。

福島瑞穂守護霊　右翼ですよ。

小林　共同通信は？

福島瑞穂守護霊　右翼です。

小林　時事通信は？

福島瑞穂守護霊　右翼です。

小林　分かりました。ありがとうございます。

福島瑞穂守護霊　まあ、沖縄《おきなわ》の新聞が、やや左翼に近い。

小林　ああ、沖縄の新聞だけね。

福島瑞穂守護霊　やや、左翼に近い。

小林　あれを全国紙にしたいと？

福島瑞穂守護霊　うん。やや左翼に近いところはあるんだ。

小林　分かりました。

「家族は偶然《ぐうぜん》にできるもの」という考え

小林　有権者のためにも、最後に、もう一つ、公人《こうじん》であるあなたに、どうしても訊《き》かなければいけない点があります。それは、何かと言いますと……。

福島瑞穂守護霊　公人？

小林　なぜ、パートナーの方と籍《せき》を入れないのですか。

福島瑞穂守護霊　あんたねえ、そんな、プライバシー……。

小林　いや、プライベートではないんです。

福島瑞穂守護霊　優しい社会を目指さないと……。

小林　違うんです。つまり、あなたの、その考え方とスタンスが、社民党の政策に反映されているから、これは、プライベートな議論ではないんですよ。

福島瑞穂守護霊　「安藤美姫《あんどうみき》が誰の子供を産んだか」なんて、どうでもいいことでしょう？　そんなの、公人であっても、プライバシーですよ。

綾織　「家族」については、どう考えていますか。

福島瑞穂守護霊　家族なんていうものは、「たまたま、できるもの」であってね。

綾織　たまたま、できるもの（苦笑）。

福島瑞穂守護霊　偶然《ぐうぜん》にくっついて、できるもんです。

偶然に好きになったり、偶然に子供が生まれてしまったりすることによって、できることがあるわけで、ほとんどの場合は、偶然なんですよ。

だから、あんたが言うような、「赤い糸が、どうのこうの」だの、「運命」だの、そんなもん、信じてられませんよ。世界には、これだけの人数がいるんですから。

綾織　家族は、なくなったほうがいいと？

福島瑞穂守護霊　ええ？　家族は、偶然に出来上がるんだっていうの！

綾織　みんな、バラバラなんですね。

福島瑞穂守護霊　偶然だから、「さざれ石の～♪」じゃないけど、流れる石が、ぶつかって、固まっとるようなものが、家族ですよ。

綾織　偶然、くっついたり、離《はな》れたりするわけですね。

「専業主婦」に対する蔑視《べっし》

小林　関連質問ですが、「専業主婦」に関しては、どう思われますか。

福島瑞穂守護霊　専業主婦は……、まあ、能力のない人は、しょうがないじゃないですか。

小林　ああ。要するに、「専業主婦は、能力のない人がやることだ」と?

福島瑞穂守護霊　能力のない人のためにあるんじゃないの?

小林　ああ、そういう考え方だということですね。

福島瑞穂守護霊　うん。まあ、そういう人もいるでしょうよ。

小林　分かりました。

福島瑞穂守護霊　専業主婦は、月収三十万円に換算《かんさん》されるんですから。

小林　実は、あなたは全国の専業主婦から恨《うら》まれているんですけれども。

福島瑞穂守護霊　あら？　なんで!?　好かれてるんじゃないの？

小林　いえいえ。まるで、専業主婦に鞭打《むちう》つような税制や政策ばかりを、ずっとやってきたから……。

福島瑞穂守護霊　まあ！「頭が悪い」っていうことは、そういうことなの？　そういうふうに、人に嫉妬《しっと》するのねえ。

小林　あなたは、全国の専業主婦から敵視されているのですが、「なぜ、ああいう政策を取るのかな」と、少し疑問だったのです。これで、よく分かりました。

福島瑞穂守護霊　私は、頭がよすぎたの。困ったなあ。親を恨むわ。もっと、バカだったらよかったのに。

小林　これは、ぜひとも、有権者に伝えたい情報です。

福島瑞穂守護霊　頭がよすぎるので、仕事ができちゃうのよねえ。仕事ができない人が、ほんとに、うらやましいわあ。何も考えなくていいから、悩《なや》みもないんでしょうね。いいわねえ。

小林　非常に、有権者に分かりやすいコメントを頂き、ありがとうございました。

福島瑞穂守護霊　専業主婦は、頭が悪いのよぉ。私みたいに、優《すぐ》れた頭脳を持っていれば、そんなこと（専業主婦）ができるわけないじゃない。ねえ？

夫を、もっともっと……。

小林　時間の関係で申し上げませんが、本当に有能な専業主婦というのは、会社の管理職の女性と同じぐらいの仕事能力が必要なんです。

そのことについては、また別途《べっと》、機会を設《もう》けさせていただきたいと思います。
「自民党が戦後つくったもの」を反故《ほご》にするのが目的

綾織　「そして誰もいなくなった」ということで……。

福島瑞穂守護霊　あんたは、北海道の牛の「モー」という鳴き声が聞こえる〝サイロ〟のなかに一人で入れられて、牛に囲まれるのよ。

綾織　（苦笑）まあ、それでもいいですが、あなたの考える世界では、家族もなくなり、企業《きぎょう》もなくなり、国家もなくなり、すべて、なくなっていくということが、よく分かりました。

福島瑞穂守護霊　そういうものは、もう要《い》らないのよ！　社会は、たまたま気に入った人と楽しく過ごせたらいいのよ。

そして、私みたいな人は除き、普通《ふつう》の人は年収一千万円で抑《おさ》えて、全体に（税金を）ばら撒《ま》けば、ちゃんと、みんな最低限の生活ができるようになってるんです。大《だい》丈夫《じょうぶ》なんですよ。

綾織　あなたの考え方に基《もと》づけば、すべてが解体していくというのが、よく分かりました。

福島瑞穂守護霊　いや、別に、それは、余計なものをつくってるために、無《む》駄《だ》が発生してるんですから、余計なものを廃止《はいし》していけばいいわけですよ。

だからね、通商産業省を経産省に変える必要なんかなくて、もう廃止すればよかったんですよ。あんなの、もともと要らなかったの。要らないものをつくったんですよね。

小林　今日は、議論としては、だいたい収束したと思いますので……。

福島瑞穂守護霊　とにかく、「自民党が戦後つくったもの」が、全部、悪いんです。これを、全部、反故《ほご》にして、ガラガラポンにしてしまうことが大事。

小林　確かに、「自民党は耐用《たいよう》年数を越《こ》えている」という見解は、一致《いっち》していると思います。ただ、「その先を拓《ひら》く未来の哲学《てつがく》」に関しては、正反対です。

私としては、「大川総裁と同じような経歴を辿《たど》り、信仰心《しんこうしん》も一部分は持ってらっしゃった方が、なぜ、かくも違う道を選択《せんたく》されてしまったのか」ということに関して、非常に残念な思いがありますが、まあ、「レクイエム」ということで、やむをえないかなということが、よく分かりました。

福島瑞穂守護霊　あんたがたも含《ふく》めて、この人たち（聴衆《ちょうしゅう》）は、ニーチェのツァラツストラみたいなイエスを考えてるんですよ。これは、間違ってるイエス像なんですよね。イエスは優しい人なんですよ。

小林　ただ、時代の変遷《へんせん》のなかで、宗教は、「カイザルのものは、カイザルに」という時代から、「地上においても、最終的に勝利者にならなければならない」という時代になったのです。これが、今という時代の要請《ようせい》です。

二千年前のイエスと、現代の救世主が目指されているもの、求められているものは違いますので、そこは理解しておいてください。

福島瑞穂守護霊　だいたいねえ、教会は貧しいのに、あんたがたは、なんで、そんなに金が儲《もう》かるのよ。

小林　それは、世の中のニーズに合っているからです。

福島瑞穂守護霊　ええ？　法制度を変えるからね。ほんとに、もう！

小林　（笑）

福島瑞穂守護霊　教会からの税金は要らない。「教会のネズミほど貧しい者はない」っていう英語の諺《ことわざ》があるぐらいだから、まあ、いいけども、幸福の科学のネズミは太ってるんじゃないの？

小林　国民の基本的人権を侵害するような発言はされないように、ご忠告申し上げておきたいと思います。

「絶対に三議席以上取る！」と宣言

福島瑞穂守護霊　とにかくねえ、なんで、「レクイエム」なのか、よく分からないけども、私は……、（机にあるプロフィールの写真を見て）ああ、いい女に写ってるわねえ、この写真。これ、広末涼子《ひろすえりょうこ》みたいだわ（会場笑）。

「この歳《とし》で、広末涼子に見える」っていうのは、すごいわねえ。「ミス日本」に立候補すりゃよかったかもしれない。

綾織　（苦笑）まあ、それは……。

小林　……。本にしたとき、私の発言は、おそらく、（絶句）と……（会場笑）。

福島瑞穂守護霊　だって、これ、そっくりじゃない！　五十七歳《さい》で、この顔。これ、ほとんど、広末じゃない？

小林　この部分は、ＰＲ映像に使えるかもしれませんね。

福島瑞穂守護霊　広末涼子と、親子か姉妹《しまい》かっていう……。

綾織　まあ、「心のなかで考えていることは、そうではない」というのは、よく分かります。

福島瑞穂守護霊　いや、心のなかで、そう思ってる。これ、広末涼子に、そっくりじゃないの。美人じゃないですか。

綾織　いえいえ。すべてを崩壊《ほうかい》させていきます。

福島瑞穂守護霊　私は女神《めがみ》だったのかもしれない。

小林　はい。分かりました。では、そろそろ、終わりにしたいと思います。

綾織　今、選挙で大変ですよね。

小林　今日は、本当にありがとうございました。

福島瑞穂守護霊　（小林に）あんたが、一人でしゃべっただけじゃない。

小林　いえいえいえ。

福島瑞穂守護霊　もう、こんなことしないで、街宣しなさい、街宣を。あんたら、どうせ、一議席も取れないんだから。

小林　街宣もしますけれども……。

綾織　おそらく、今、ご本人は困っていらっしゃると思います。戻《もど》ってあげないと、しゃべることが……。

福島瑞穂守護霊　もう、絶対に、三議席以上、取りますから。

綾織　しゃべることがなくなっていると思いますので、ぜひ、帰って応援《おうえん》してあげてください。

小林　ご本人のサポートに回っていただいて……。

福島瑞穂守護霊　私の顔を見ただけで、みんな、「はあー」と思って、票を入れてくれますから、大丈夫なんですよ。おたくの党首（矢内筆勝《やないひっしょう》）とは、だいぶ違うんでね。残念でした。

小林　（苦笑）いや、いや。

福島瑞穂守護霊　「おたくの党首の顔を見たら、サメでも逃《に》げていく」っていう話ですからね。

小林　いえいえ。今回の霊言《れいげん》の記録を遺《のこ》すだけで十分です。ありがとうございました。

福島瑞穂守護霊　まあ、おたくの党首とは、全然、違いますから。

福島党首守護霊が示す「リベラルの意味」とは

小林　今日は、本当に、貴重なお時間を頂きまして、ありがとうございました。

福島瑞穂守護霊　ああ、そう？　何だ。いったい、何のために呼ばれたの？

小林　本当に、〝素晴《すば》らしい記録〟になったと思います。

福島瑞穂守護霊　リベラルの意味、分かった？

小林　ええ、よく分かりました。

綾織　ありがとうございました。

福島瑞穂守護霊　リベラルは、「独裁者を排除する」っていう意味だからね。

小林　うーん。まあ、それは、ともかく……。

福島瑞穂守護霊　「独裁者を排除して、自由な個人を解き放つ」っていうことですからね。

綾織　代わりに、もっとひどい独裁者がやって来ますけれどもね。

福島瑞穂守護霊　「産経新聞を廃止する」っていうことですから、リベラルっていうことは。

綾織　はい。よく分かりました。

小林　要するに、「思想の自由を殺す」ということですね。

福島瑞穂守護霊　「朝日新聞を右翼と認定する」っていうことが、リベラルですから。

小林　非常に〝素晴らしい〟。

福島瑞穂守護霊　分かりましたか？　はい。じゃあ、以上です。

小林　はい。どうも、ありがとうございます。

綾織　ありがとうございます。

9 「最大多数の最大幸福」が政治の立場

福島党首は〝ラストエンペラー〟になるのか

大川隆法　（笑）いや、参りました。どうでしょうか。この党（社民党）は本当になくなりそうです。大丈夫《だいじょうぶ》でしょうか。このように一人でワアワア言って、生き残っているのかもしれませんが、この口が封《ふう》じられたとき、社民党は終わると思われます。この人は〝最後の皇帝《こうてい》〟、〝ラストエンペラー〟ですね。

小林　率直《そっちょく》に言うと、社民党を本来支持している三百万の人たちは、たぶん……。

大川隆法　この人の本心を知らずに票を入れているのでしょう。

小林 「いつ手を引くか」という秒読みの段階だと思います。

大川隆法 安倍《あべ》政権に反感を持っている人が票を入れるのでしょうが、「社民党に票を入れると危ない」ということを分かってくれるといいですね。

今日の霊言《れいげん》を本にする際には、できるだけ福島さんに有利な表紙にして、彼女のファンが買いたくなるようにしましょう。

「そして誰《だれ》もいなくなった」。

いいですね。「バイバーイ」という感じでしょうか。そのようにしたいものです。

幸福実現党は次の勢力を担《にな》いたいと思いますね。

ものの見方について、「一水四見《いっすいしけん》」とはよく言ったものです。考え方が違《ちが》えば、同じものが違った姿に見えます。同じような学問を修めた人であっても、考え方が異なると、「同じ水を飲んで、蛇《へび》は毒をつくり、牛はミルクをつくる」というたとえのように、違ったことを言うようになるのです。

イエスの「迷える羊のたとえ」の真意とは

大川隆法　人権擁護《ようご》自体は別に構わないのですが、考え方によっては、それが爆薬《ばくやく》のような破壊《はかい》力を持つこともあります。

「百匹《ぴき》の羊のうち、一匹が迷ったら、九十九匹を残してでも、その一匹を探しにいく」という、イエスの思想も、場合によっては、破壊的な考え方につながる可能性があるのです。

このたとえ話は、「九十九匹を捨ててもよい」という意味ではありません。「迷子《まいご》になった羊を救いに行く」ということの大切さを強調しているのであり、「残りの九十九匹は、殺されようが、盗《ぬす》まれようが、どうでもよい」と言っているわけではないのです。

しかし、福島さんのような理解の仕方をすると、極端《きょくたん》な左翼《さよく》型のキリスト教者が出てきます。

「九十九匹を捨ててでも一匹を救おう」と考えて、結果的に九十九匹が殺されたら、たまりません。この九十九匹を守らなくてはいけないのが政治の立場だと思います。

「最大多数の最大幸福」が大事です。それが政治としての最大公約数なのです。「多数の利益を、ある程度、守りつつも、少数者が、あまりひどい環境《かんきょう》に置かれないように、最低限のところでセーフティネットを設《もう》ける」ということが政治だと思います。「セーフティネット以下になる人のために、あとの全部を捨てる」というのは破壊です。それだと国家も社会も破壊されるのではないでしょうか。

イエスの思想は、「九十九匹の羊を盗まれても構わないから、一匹だけを救う」という考えではないと思います。それは、「救済の大事さ」を、象徴《しょうちょう》として、比喩《ひゆ》として言っているのであり、「あとの羊を捨てろ」と言っているわけではないはずです。

福島さんが、「九十九匹を助けるのが『強者《きょうしゃ》の論理』で、一匹を助けるのが『弱者の論理』だから、後者が、正しい宗教のあり方だ」と理解しているのなら、このキリスト教解釈《かいしゃく》には間違いがあるでしょう。

イエスに質問したら、「『九十九匹を捨てたり、盗まれたりしてよい』と言っているわけではない」と答えると思います。きっとそうでしょう。

イエスの教えに関しては、このように解釈の違いがあります。イエスの教えを凡人《ぼんじん》が理解した場合には、こういうことになるのです。

福島さんには、宗教についても、しっかりと勉強していただきたいと思います。

マクロではなく、ミクロに目が行く福島党首

大川隆法　彼女が言っていたような、「皆殺《みなごろ》しにされるカルマ」から抜《ぬ》け出すために、今、タイでは、仏教の僧侶《そうりょ》たちが、殺されないよう、一生懸命《いっしょうけんめい》、イスラム教の武装勢力に抵抗《ていこう》しているようです。

生き残らなければ、仏の教え、法灯《ほうとう》を継《つ》ぐことができなくなります。「タイがイスラム教に染まるよりも、タイが仏教国として残るほうに意味がある」と思ったならば、

タイの仏教を守らなくてはなりません。

そのように、価値判断の大小を考えたり、多数の人の幸福を考えたりすることも、政治にとっては重要な機能だと思います。

このへんについて、福島党首は、まだ分かっていないのではないでしょうか。法学部を卒業してはいますが、「憲法の統治の原理に関しては、よく分からない」などと言っていたので、「マクロが見えない頭なのではないか」と推定します。ミクロのほうが見える頭、例外のほうに目が行く頭なのでしょう。

だから、統治の側に回らないほうがよろしいと思います。

今回の内容は、福島さん本人にとって、少し気の毒なものになったかもしれません。守護霊の言うことには極端化しているものも多いので、本人は、表向きには、ここまでは言わないと思われます。

ただ、彼女の心の底を拡大鏡、虫眼鏡《めがね》で見れば、このくらいまでは行くのです。彼女は、こういう方向性を持っているわけです。

それを警告として言いたいのですが、まあ、「レクイエムとして奏《かな》でたい」と芸術的に表現して、終わりにしたいと思います。

小林・綾織　ありがとうございます。

あとがき

思想の間違いは殺人罪より重い。伝播《でんぱ》することで多くの人々の人生を狂わせてしまうからである。

国家権力の破壊を目指す左翼リベラリズム、あるいは社会民主主義が、その本質において、マルクス・レーニン主義的共産主義であり、国家社会主義にも似た暴力を伴う国民抑圧政策であることがよく理解されただろうか。そこには私の説く仏神の子の自由とは根本的に相容《あいい》れないものがある。

自助努力の精神が、企業家精神につながり、国家の発展繁栄につながる。単なる結果平等を目指すことは、個人の努力をないがしろにし、国家がローラーで国民の自由と繁栄をすりつぶしていくことなのだ。

それは神の導きではなく、悪魔の誘惑なのだ。一部の知的エリートが「善意」の餌《えさ》でこの悪魔の誘惑に引っかかっていく。まことに残念なことである。

二〇一三年　七月九日

幸福《こうふく》の科学《かがく》グループ創始者兼総裁《そうししゃけんそうさい》　大川隆法《おおかわりゅうほう》

『そして誰もいなくなった』大川隆法著作関連書籍

『政治革命家・大川隆法』（幸福の科学出版刊）
『膳場貴子のスピリチュアル政治対話』（幸福実現党刊）
『憲法改正への異次元発想
——憲法学者NOW・芦部信喜 元東大教授の霊言——』（同右）
『篠原一東大名誉教授「市民の政治学」その後』（同右）

そして誰《だれ》もいなくなった
――公開霊言 社民党 福島瑞穂党首へのレクイエム――

2013年7月15日　初版第1刷

著　者　大《おお》川《かわ》隆《りゅう》法《ほう》

発行所　幸福の科学出版株式会社
〒107-0052 東京都港区赤坂2丁目10番14号
TEL(03)5573-7700
http://www.irhpress.co.jp/
印刷・製本　株式会社 堀内印刷所

ISBN978-4-86395-360-4 C0030

大川隆法 ベストセラーズ・大注目の宗教家の本音とは

政治革命家・大川隆法

幸福実現党の父

未来が見える。嘘をつかない。タブーに
挑戦する──。政治の問題を鋭く指摘し、
具体的な打開策を唱える幸福実現党の魅
力が分かる万人必読の書。

- ●「幸福実現党」立党の趣旨
- ●「リーダーシップを取れる国」日本へ
- ● 国力を倍増させる「国家経営」の考え方
- ●「自由」こそが「幸福な社会」を実現する ほか

1,400 円

素顔の大川隆法

素朴な疑問からドキッとするテーマまで、
女性編集長3人の質問に気さくに答えた、
101分公開ロングインタビュー。大注目の
宗教家が、その本音を明かす。

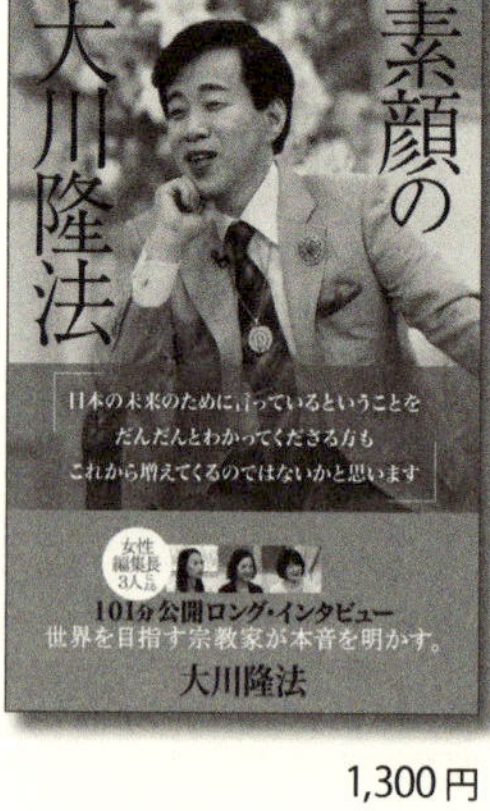

- ◆ 初公開！ 霊言の気になる疑問に答える
- ◆ 聴いた人を虜にする説法の秘密
- ◆ すごい仕事量でも暇に見える「超絶仕事術」
- ◆ 美的センスの磨き方 ほか

1,300 円

※表示価格は本体価格(税別)です。

大川隆法霊言シリーズ・現代日本へのアドバイス

公開霊言 山本七平の新・日本人論
現代日本を支配する「空気」の正体

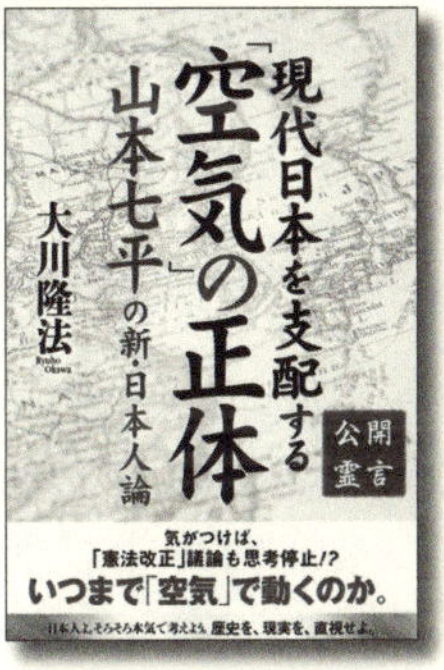

国防危機、歴史認識、憲法改正……。日本人は、なぜ正論よりも「空気」に支配されるのか。希代の評論家が、日本人の本質を鋭く指摘する。

1,400円

大平正芳の大復活
クリスチャン総理の緊急メッセージ

ポピュリズム化した安倍政権と自民党を一喝! 時代のターニング・ポイントにある現代日本へ、戦後の大物政治家が天上界から珠玉のメッセージ。
【幸福実現党刊】

1,400円

中曽根康弘元総理・最後のご奉公
日本かくあるべし

「自主憲法制定」を党是としながら、選挙が近づくと弱腰になる自民党。「自民党最高顧問」の目に映る、安倍政権の限界と、日本のあるべき姿とは。
【幸福実現党刊】

1,400円

幸福の科学出版

大川隆法霊言シリーズ・中国の今後を占う

中国と習近平に未来はあるか

反日デモの謎を解く

「反日デモ」も、「反原発・沖縄基地問題」も中国が仕組んだ日本占領への布石だった。緊迫する日中関係の未来を習近平氏守護霊に問う。

【幸福実現党刊】

1,400円

周恩来の予言

新中華帝国の隠れたる神

北朝鮮のミサイル問題の背後には、中国の思惑があった！ 現代中国を霊界から指導する周恩来が語った、戦慄の世界覇権戦略とは!?

1,400円

小室直樹の大予言

2015年 中華帝国の崩壊

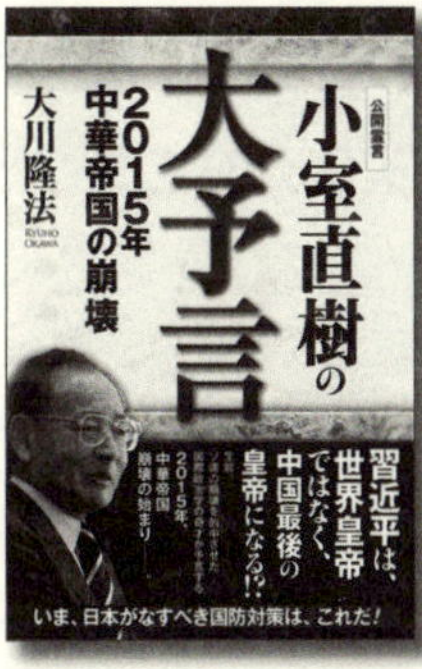

世界征服か？ 内部崩壊か？ 孤高の国際政治学者・小室直樹が、習近平氏の国家戦略と中国の矛盾を分析。日本に国防の秘策を授ける。

1,400円

幸福の科学出版

大川隆法 霊言シリーズ・マスコミの本音を直撃

ニュースキャスター 膳場貴子のスピリチュアル政治対話
守護霊インタビュー

この国の未来を拓くために、何が必要なのか？ 才色兼備の人気キャスター守護霊と幸福実現党メンバーが、本音で語りあう。

【幸福実現党刊】

1,400円

ビートたけしが幸福実現党に挑戦状
おいらの「守護霊タックル」を受けてみな!

人気お笑いタレントにして世界的映画監督――。芸能界のゴッドファーザーが、ついに幸福実現党へ毒舌タックル！

【幸福実現党刊】

1,400円

筑紫哲也の大回心
天国からの緊急メッセージ

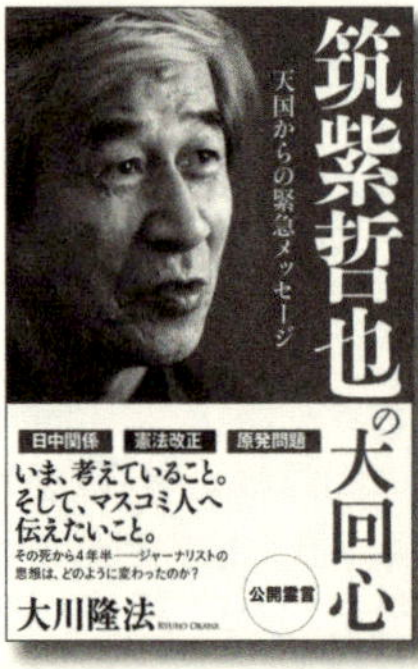

筑紫哲也氏は、死後、あの世で大回心を遂げていた!? TBSで活躍した人気キャスターが、いま、マスコミ人の良心にかけて訴える。

【幸福実現党刊】

1,400円

※表示価格は本体価格（税別）です。

大川隆法 霊言シリーズ・マスコミの本音を直撃

田原総一朗守護霊 VS. 幸福実現党ホープ

バトルか、それともチャレンジか?

未来の政治家をめざす候補者たちが、マスコミ界のグランド・マスターと真剣勝負! マスコミの「隠された本心」も明らかに。

【幸福実現党刊】

ダイジェストDVD付

1,800円

バーチャル本音対決

TV朝日・古舘伊知郎守護霊 VS. 幸福実現党党首・矢内筆勝

なぜマスコミは「憲法改正」反対を唱えるのか。人気キャスター 古舘氏守護霊と幸福実現党党首 矢内が、目前に迫った参院選の争点を徹底討論!

【幸福実現党刊】

ダイジェストDVD付

1,800円

本多勝一の守護霊インタビュー

朝日の「良心」か、それとも「独善」か

「南京事件」は創作!「従軍慰安婦」は演出! 歪められた歴史認識の問題の真相に迫る。自虐史観の発端をつくった本人(守護霊)が赤裸々に告白!

【幸福実現党刊】

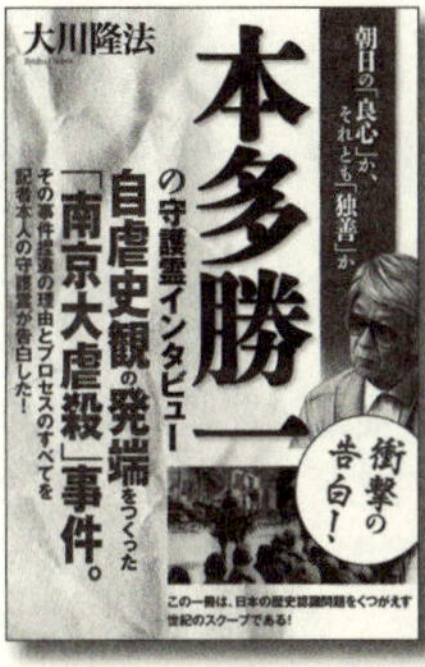

1,400円

幸福の科学出版

大川隆法 霊言シリーズ・正しい歴史認識を求めて

原爆投下は人類への罪か？

公開霊言 トルーマン
＆ F・ルーズベルトの新証言

なぜ、終戦間際に、アメリカは日本に2度も原爆を落としたのか？「憲法改正」を語る上で避けては通れない難題に「公開霊言」が挑む。
【幸福実現党刊】

1,400円

公開霊言 東條英機、「大東亜戦争の真実」を語る

戦争責任、靖国参拝、憲法改正……。他国からの不当な内政干渉にモノ言えぬ日本。正しい歴史認識を求めて、東條英機が先の大戦の真相を語る。
【幸福実現党刊】

1,400円

従軍慰安婦問題と南京大虐殺は本当か？

左翼の源流 vs. E.ケイシー・リーディング

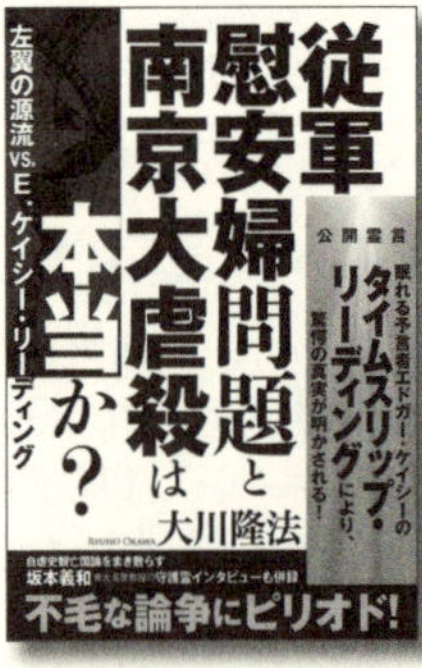

「従軍慰安婦問題」も「南京事件」も中国や韓国の捏造だった！ 日本の自虐史観や反日主義の論拠が崩れる、驚愕の史実が明かされる。

1,400円

※表示価格は本体価格（税別）です。

大川隆法ベストセラーズ・希望の未来を切り拓く

未来の法

新たなる地球世紀へ

暗い世相に負けるな! 悲観的な自己像に縛られるな! 心に眠る無限のパワーに目覚めよ! 人類の未来を拓く鍵は、一人ひとりの心のなかにある。

2,000円

Power to the Future

未来に力を

英語説法集
日本語訳付き

予断を許さない日本の国防危機。混迷を極める世界情勢の行方——。ワールド・ティーチャーが英語で語った、この国と世界の進むべき道とは。

1,400円

日本の誇りを取り戻す

国師・大川隆法　街頭演説集 2012

2012年、国論を変えた国師の獅子吼。外交危機、エネルギー問題、経済政策……。すべての打開策を示してきた街頭演説が、ついにDVDブック化!
【幸福実現党刊】

街頭演説
DVD付

2,000円

幸福の科学グループのご案内

宗教、教育、政治、出版などの活動を通じて、地球的ユートピアの実現を目指しています。

宗教法人 幸福の科学

一九八六年に立宗。一九九一年に宗教法人格を取得。信仰の対象は、地球系霊団の最高大霊、主エル・カンターレ。世界百カ国以上の国々に信者を持ち、全人類救済という尊い使命のもと、信者は、「愛」と「悟り」と「ユートピア建設」の教えの実践、伝道に励んでいます。

（二〇一三年七月現在）

愛

幸福の科学の「愛」とは、与える愛です。これは、仏教の慈悲《じひ》や布施《ふせ》の精神と同じことです。信者は、仏法真理をお伝えすることを通して、多くの方に幸福な人生を送っていただくための活動に励んでいます。

悟り

「悟り」とは、自らが仏の子であることを知るということです。教学《きょうがく》や精神統一によって心を磨き、智慧《ちえ》を得て悩みを解決すると共に、天使・菩薩《ぼさつ》の境地を目指し、より多くの人を救える力を身につけていきます。

ユートピア建設

私たち人間は、地上に理想世界を建設するという尊い使命を持って生まれてきています。社会の悪を押しとどめ、善を推し進めるために、信者はさまざまな活動に積極的に参加しています。

国内外の世界で貧困や災害、心の病で苦しんでいる人々に対しては、現地メンバーや支援団体と連携して、物心両面にわたり、あらゆる手段で手を差し伸べています。

年間約３万人の自殺者を減らすため、全国各地で街頭キャンペーンを展開しています。

公式サイト **www.withyou-hs.net**

ヘレン・ケラーを理想として活動する、ハンディキャップを持つ方とボランティアの会です。視聴覚障害者、肢体不自由な方々に仏法真理を学んでいただくための、さまざまなサポートをしています。

公式サイト **www.helen-hs.net**

教育

学校法人 幸福の科学学園

学校法人 幸福の科学学園は、幸福の科学の教育理念のもとにつくられた教育機関です。人間にとって最も大切な宗教教育の導入を通じて精神性を高めながら、ユートピア建設に貢献する人材輩出を目指しています。

幸福の科学学園

中学校・高等学校（那須本校）

2010年4月開校・栃木県那須郡（男女共学・全寮制）

TEL **0287-75-7777**

公式サイト **happy-science.ac.jp**

関西中学校・高等学校（関西校）

2013年4月開校・滋賀県大津市（男女共学・寮及び通学）

TEL **077-573-7774**

公式サイト **kansai.happy-science.ac.jp**

幸福の科学大学（仮称・設置認可申請予定）

2015年開学予定

TEL **03-6277-7248**（幸福の科学 大学準備室）

公式サイト **university.happy-science.jp**

仏法真理塾「サクセスNo.1」

小・中・高校生が、信仰教育を基礎にしながら、「勉強も『心の修行』と考えて学んでいます。

TEL **03-5750-0747**（東京本校）

不登校児支援スクール「ネバー・マインド」

心の面からのアプローチを重視して、不登校の子供たちを支援しています。

また、障害児支援の「**ユー・アー・エンゼル!**」運動も行っています。

TEL **03-5750-1741**

エンゼルプランV

幸少時からの心の教育を大切にして、信仰をベースにした幼児教育を行っています。

TEL **03-5750-0757**

NPO 活動支援

学校からのいじめ追放を目指し、さまざまな社会提言をしています。また、各地でのシンポジウムや学校への啓発ポスター掲示等に取り組むNPO「いじめから子供を守ろう！ネットワーク」を支援しています。

公式サイト **mamoro.org**

ブログ **mamoro.blog86.fc2.com**

相談窓口 **TEL.03-5719-2170**

政治

幸福実現党

内憂外患《ないゆうがいかん》の国難に立ち向かうべく、二〇〇九年五月に幸福実現党を立党しました。創立者である大川隆法党総裁の精神的指導のもと、宗教だけでは解決できない問題に取り組み、幸福を具体化するための力になっています。

党員の機関紙
「幸福実現NEWS」

TEL 03-6441-0754
公式サイト hr-party.jp

出版 メディア 事業

幸福の科学出版

大川隆法総裁の仏法真理の書を中心に、ビジネス、自己啓発、小説など、さまざまなジャンルの書籍・雑誌を出版しています。他にも、映画事業、文学・学術発展のための振興事業、テレビ・ラジオ番組の提供など、幸福の科学文化を広げる事業を行っています。

TEL 03-5573-7700
公式サイト irhpress.co.jp

入会のご案内

あなたも、幸福の科学に集い、ほんとうの幸福を見つけてみませんか？

幸福の科学では、大川隆法総裁が説く仏法真理をもとに、
「どうすれば幸福になれるのか、また、
他の人を幸福にできるのか」を学び、実践しています。

入会

大川隆法総裁の教えを信じ、学ぼうとする方なら、どなたでも入会できます。入会された方には、『入会版「正心法語」』が授与されます。（入会の奉納は1,000円目安です）

ネットでも**入会**
できます。詳しくは、
下記URLへ。
happy-science.jp/joinus

三帰《さんき》誓願《せいがん》

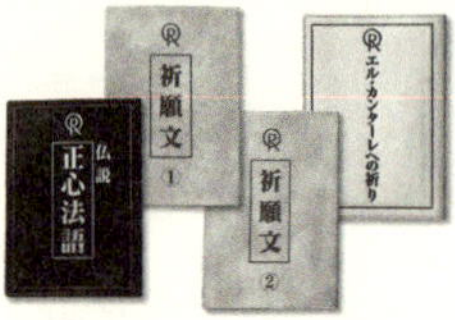

仏弟子としてさらに信仰を深めたい方は、仏・法・僧の三宝への帰依を誓う「三帰誓願式」を受けることができます。三帰誓願者には、『仏説・正心法語』『祈願文①』『祈願文②』『エル・カンターレへの祈り』が授与されます。

植福《しょくふく》の会

植福は、ユートピア建設のために、自分の富を差し出す尊い布施の行為です。布施の機会として、毎月1口1,000円からお申込みいただける、「植福の会」がございます。

「植福の会」に参加された方のうちご希望の方には、幸福の科学の小冊子（毎月1回）をお送りいたします。詳しくは、下記の電話番号までお問い合わせください。

月刊
「幸福の科学」

ザ・伝道

ヤング・ブッダ

ヘルメス・エンゼルズ

INFORMATION	**幸福の科学サービスセンター** **TEL. 03-5793-1727**（受付時間 火～金：10～20時／土・日：10～18時） 宗教法人 幸福の科学 公式サイト **happy-science.jp**